KB069910

MIND
BOX—

마인드 박스

인생의 중심을 잡는
거인의 16가지 생각

김익한 지음

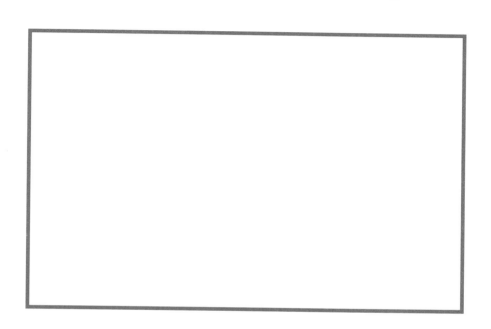

MIND
BOX

다산
북스

기록학자가 '생각'을
말하는 이유

"어떻게 생각을 정리해야 하나요?"

25년 이상을 기록학자로 살아오면서 '어떻게 기록해야 하느냐' 다음으로 많이 받는 질문은 단연 '생각을 어떻게 정리하느냐'는 것이었다. 그동안 기록하는 법을 전파하면서 생각에 대한 이야기도 꾸준히 해왔기 때문이리라.

기록학자인 내가 생각에 대해 이야기하는 이유는 아주 간단하다. 생각이 기록에 선행하기 때문이다. 기록은 목적이 아니라 수단이다. 내 안에 흐르는 무수한 생각들을 의미 있게 꺼내주는 역할을 할 뿐이다. 무엇이든 쓰기 위해선 두 가지 선결 과제가 있다. '생각을 할 줄 알아야 한다' 그리고 '그 생각을 나만의 기준으로 정리할 줄 알아야 한다'는 점이다.

그냥 살기에도 바쁜 세상에 그냥 좀 덜 생각하고 덜 기록하고 살면 안 되냐고 말할 수도 있겠다. 생각 없이 사는 건 언뜻 편해 보이기도 한다. 그러나 생각하지 않는 사람은 주어진 일만 하고, 사람들이 나에게 바라고 요구하는 것이 우선순위가 되며, 누군가를 만날 때도 내가 어떻게 보일지 조마조마해하면서 관계를 맺는다. 자기가 없는 삶을 살아가는 것이다.

주변을 보면 타인에게 휘둘리며 사는 사람이 너무나 많다. 그 이유는 생각의 기준이 없기 때문이다. 자기가 있는 삶을 살려면 궁극적으로 생각의 힘, 즉 생각력을 키워야 한다. 이것은 선택이 아니라 필수다. 생각력을 키워서 내가 내 삶을 주관하는 것. 이것은 내가 인생을 통틀어 가장 노력해 온 점이었다.

지금의 나를 아는 사람이라면 놀라겠지만 사실 나는 어릴 때부터 다른 사람들 앞에서 인사조차 제대로 못할 정도로 수줍음을 많이 탔다. 나에게도 달라지고 싶은 욕망이 있음을 어렴풋이 깨닫기 시작한 건 초등학교 때였다. 그때는 집이 부자거나 공부를 잘하거나, 혹은 주먹이 센 아이가 선망의 대상이었다. 나는 어느 쪽에도 속하지 않는, 그저 생각하는 걸 좋아하는 소심하고 내성적인 아이였다.

초등학교 2학년 때 같은 반에 싸움을 잘하는 아이가 있었다. 어느 날 등굣길에 그 아이가 나에게 자기 가방을 들라고 시켰다. 모멸감이 덮쳐왔다. 어린 마음에도 무엇이든 하지 않으면 내 삶의 주도권을 빼앗길 수 있다는 생각이 들었다.

나도 힘을 키워야겠다는 생각에 어머니에게 운동을 배우게 해달라고 졸랐다. 어떤 이유였는지 기억나지 않지만 어머니는 그 부탁을 들어주지 않았다. 화가 난 나는 '엄마가 죽었으면 좋겠다'라고 생각했다. 그러고는 이내 내가 이런 생각을 했다는 게 너무 죄스럽고 두려워서 이불을 뒤집어쓰고 엉엉 울었다.

다른 사람이 나를 좌지우지한다는 불편한 감각이 내가 사랑하는 사람을 증오하게 만들었다는 사실은 너무나 충격적이었다. 주체성을 잃은 삶이 나와 내 주변을 망칠 수 있다는 사실을 절감했다. 이것은 나에게 굉장히 강렬한 기억이 되었다.

다행히 몇 달 뒤 이사를 가면서 학교도 옮기게 되었다. 하지만 가방 사건은 줄곧 내 안에 남아 있었다. 전학을 간 나는 예전의 이미지를 벗기 위해 여러 시도를 했다. 멋도 부려보고 일부러 활기차게 행동도 해보고 공부도 열심히 했다. 물론 생각처럼 잘되었던 것은 아니다. 하루아침에 다른 사람이 될 수는 없는 노릇이었다.

그 후로도 내 인생의 주도권을 잡기 위한 고군분투는 계속되었다. 1979년 격동의 시기에 대학생의 신분으로 자유를 외치며 거리로 나왔을 때도, 좀 더 사회에 도움이 될 만한 실질적인 공부를 찾기 위해 일본으로 유학을 떠날 때도 마찬가지였다. 내가 진정 주인이 되는 삶을 살기 위해 무던하게 애썼다. 그렇게 인생의 갈림길을 마주할 때마다 주체성을 잃지 않으려 노력했지만 내 안에는 채워지지 않는 어떤 갈증이 있었다.

1996년, 한국으로 돌아와 최초의 기록 관련 법을 만들고 제자를 양성하는 일을 10년 넘게 한 이후에는 좀 더 시야를 넓히기로 결심했다. 학교 안에서 학생들을 가르치는 것도 의미가 있었지만 앞으로 내가 실천할 영역은 학교 밖에 있다는 생각이 들었다. 일반 대중과 함께 소통하며 내 전문 영역인 '기록'으로 개인과 사회에 실질적인 변화를 일으키는 길을 끊임없이 찾았다.

그렇게 또 10년이 넘는 세월이 지났을 때야 비로소 깨달았다. 나는 내 인생을 주체적으로 사는 것을 넘어 타인의 삶이, 나아가 우리의 삶이 세상에 휘둘리는 것이 싫었다. 모두가 각자의 삶에서 주인으로 살아가는 세상을 꿈꿨던 것이다.

| 휘둘리지 않는 나다운 삶 |

인생을 살아가면서 우리는 수많은 선택의 기로에 선다. 그

때마다 무엇이 나를 옳은 선택으로 안내할 수 있을까? 주변인의 조언일까? 혹은 성공한 사람의 사례일까? 아니다. 삶을 내가 원하는 올바른 방향으로 인도해 주는 건 바로 생각력을 통해 평소에 쌓아온 '나만의 생각 기준'이다.

다만 여기에는 한 가지 문제가 있다. 우리가 생각하는 법에 대해 제대로 배워본 적이 없다는 사실이다. 누구나 태어나면서부터 생각을 할 수 있기 때문에 생각에도 훈련이 필요하다는 사실을 모르는 경우가 많다. 그렇다면 생각하는 연습은 어떻게 해야 하는 걸까?

생각 연습에서 가장 중요한 것은 '무엇'을 '어떻게' 해야 하나는 점이다. 첫 번째로, '무엇'에 해당하는 것은 이미 정해져 있다. 우리가 가장 오래, 골똘히 생각해야 하는 것은 '인생의 중심이 되는 가치'다. 내가 어떤 가치를 가지고 어떻게 살아갈 것인지 끊임없이 생각을 축적할수록 삶의 방향은 더 명확해진다.

두 번째로, '어떻게' 생각할 것인가에 대해서는 내가 그동안 만들고 정리해 온 방법을 소개하고자 한다. 바로 '마인드 박스'다. 머릿속에 마인드 박스를 만들고 그 안에 생각을 축적하고 정리하는 것. 이것이 내가 깨달은 최고의 생각력 증폭 방법이다.

인생관이라는 걸 들여다보면 여러 가지 생각이 기축(基軸)을 이루고 있다. 이처럼 기축이 되는 생각들과 그것을 뒷받침하는 논리 및 지식들을 정리해 각각의 생각 틀로 만들어둔 것을 나는 마인드 박스라고 부른다. 살면서 어떤 판단을 해야 할 때마다 필요한 마인드 박스를 열고 그 안에 담긴 생각을 기준으로 결정을 내린다.

나는 〈김교수의 세 가지〉라는 유튜브 채널을 운영하는데, 채널명 그대로 누가 어떤 질문을 해도 늘 세 가지로 답을 정리해준다. 이런 모습을 보고 궁금해하는 사람도 있을 것이다.

"저 사람은 어떻게 자기 인생에 저렇게 확신을 갖고 이야기하지?"

나는 인생에 확신이 있을 뿐 아니라 그걸 다른 사람들에게도 설파하고 다닌다. 어떤 주제에 대해 물어도 내 생각을 명확하게 얘기할 수 있다. 이게 가능한 건 그동안 삶의 많은 주제에 대해 마인드 박스를 지속적으로 꾸려온 덕분이다. 생각이 잘 정리된 사람은 어떤 문제에 대해서든 자기 생각을 논리적으로 말할 수 있으며, 어떤 상황에서도 나답게 판단하고 자기주도적으로 행위할 수 있다.

『마인드 박스』는 총 3부로 구성되어 있다. 1부 '박스에 무엇을 담을 것인가'에서는 우리에게 생각의 틀이 필요한 이유부터 변증적으로 사고하는 방법까지 상세하게 설명한다. 틀을 깨고 사고해야 더 기발하고 창의적일 것이라는 편견에서 과감하게 해방되어 '생각의 틀'을 활용해 좀 더 자유롭고 집중적으로 사고할 수 있는 방법을 제안한다.

또한 인생을 통틀어 깊이 생각해 봐야 할 네 가지 질문, '나의 진짜 모습은 무엇인가?', '나는 주체적으로 살고 있는가?', '나답게 판단할 수 있는가?', '나는 혼자 그리고 함께 살아갈 수 있는가?'에 대해 자세히 살펴본다. 우리의 삶은 단순히 '잘살겠다', '성공하겠다' 등의 목표만으로 나아가지 않는다. 인생이 무엇인지 본질을 탐구하고 그 안에서 어떻게 살아갈 것인지 사색하는 과정에서 삶의 의미를 발견하기 마련이다.

2부와 3부에서는 내가 그동안 쌓아온 16가지 마인드 박스를 하나씩 풀어서 그 안에 담긴 생각의 기준을 소개하고자 한다. 이 과정에서 사고의 근간이 되는 철학·인문학·사회학 지식도 함께 다루었다.

좀 더 상세히 살펴보자면, 2부 '나 자신을 알면 생각의 길이 열린다'에서는 나의 진짜 모습을 발견하는 다섯 가지 마인드 박스(욕망, 경쟁, 소비, 잠재성, 꿈과 돈)와 인생을 주체적으로 살아가기 위한 네 가지 마인드 박스(시간, 그릿, 일, 주체성)를 설명한다. 모든 일의 기본은 '나'를 알아가는 것에서 시작된다. 스스로를 잘 알수록 잠재된 가능성은 현실이 되어 무한대로 뻗어 나간다.

3부 '생각의 길에서 삶의 방향을 찾다'에서는 나다운 선택과 판단을 내릴 수 있도록 도와주는 네 가지 마인드 박스(실리와 명분, 이성과 감성, 육체와 정신, 객관과 주관)를 만날 수 있다. 서로 상반되는 가치와 개념을 어떤 방식으로 융합해 판단의 도구로 사용해야 하는지 다루었다. 마지막으로 우리가 공동체로서 함께 살아가기 위해 꼭 알아야 할 세 가지 마인드 박스(다양성, 가족, 이타성)를 살펴보며 마무리한다.

특히 이 책에서는 직접 자신의 박스를 만들고 채울 수 있도록 '기록'이라는 도구를 적극 활용하고자 한다. 이를 통해 ① 나의 진짜 모습을 찾고 ② 인생의 주인으로 거듭나며 ③ 나답게 선택하고 판단해 ④ 궁극적으로 나도 잘 살고 내가 속한 공동체도 잘 사는 '나만의 인생관'을 정립해 나갈 것이다.

마인드 박스를 만드는 데는 특별한 능력이 필요하지 않다. 누구나 생각하는 방법을 연습하면 삶을 직접 설계하고 실행하는 주관자로 살아갈 수 있다는 것을 이미 나 스스로 경험했다. 호기심을 가지고 새로운 생각을 받아들일 마음만 있다면 남녀노소 누구나 가능하다.

생각에 명확한 기준과 철학이 없으면 좌고우면(左顧右眄)하면서 삶의 방향을 잡지 못한다. 일상의 괴로움과 스트레스가 바로 여기에 기인한다. 누구에게도 휘둘리지 않고 나답게 살고 싶은가? 그렇다면 이 책이 도움이 될 것이다. 마인드 박스를 통해 생각하는 힘을 키우고 자신만의 인생관을 정립하길 바란다.

2024년 여름

김익한

차례

> **1부** 박스에 무엇을
> 담을 것인가

1장 생각을 축적한다는 것

2장 인생을 관통하는 질문들

> **2부**　나 자신을 알면
> 생각의 길이 열린다

3장　진짜 나를 발견하기 위하여

기록학자의 생각 정리법

생각을 정리하는 방법은 원리만 알면 굉장히 쉽다. 추상적인 생각을 시각화하면 훨씬 더 기억에 잘 남을뿐더러 자기화하는 데도 도움이 된다.

1부를 시작하기에 앞서 생각을 정리하고 분류하는 여섯 단계를 소개한다. 각 단계에 대한 자세한 설명은 책을 읽어나가며 만날 수 있다. 독서를 하거나 공부를 할 때, 혹은 새로운 아이디어가 필요할 때 아래의 여섯 단계를 차례대로 활용해 보자.

1단계 생각의 바다에서 필요한 생각 뽑기

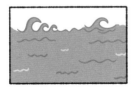

우리의 생각은 바다와 같은 형태로 존재한다. 불규칙적이며 유동적이다. 무수한 생각이 오고가는 이 생각의 바다에서 필요한 생각만 뽑아낸다.

2단계 머릿속 박스에 생각 채워 넣기

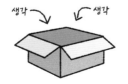

머릿속에 빈 박스를 하나 만들어 생각의 바다에서 뽑아낸 생각들을 하나씩 채워 넣는다.

3단계 외부의 지식과 이론 넣기

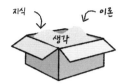

책이나 강의 등의 다양한 공부를 통해 나에게 필요한 외부의 지식과 이론을 찾는다. 생각을 채워 넣은 박스에 그것을 함께 넣는다.

4단계 박스의 내용물을 잘 섞기

박스 안에 담아둔 나의 생각과 외부의 지식, 이론을 '변증적 사고'를 통해 서로 융합한다.

5단계 새로운 생각을 노트에 기록하기

박스 안에서 융합된 생각을 노트에 기록하며 어떤 생각이 새롭게 생겨났는지 정리해 '마인드 박스'를 완성한다.

6단계 주제별 '마인드 박스' 생성하기

1~5단계를 통해 여러 개의 마인드 박스를 만들고, 각 박스의 주제를 분류해 차곡차곡 정리해 둔다. 필요할 때마다 박스를 열고 생각을 꺼내 활용한다.

박스에 무엇을 담을 것인가

1장

생각을
축적한다는 것

생각이란 아수라장에 가깝다.
그러나 우리에게는 그것을 들여다보고
논리적으로 연결하는 능력이 있다.

01

생각의 바다에서
길을 찾기 위하여

"생각 좀 하고 살아."

아무 생각 없이 되는대로 사는 것처럼 보이는 사람에게 우리는 이런 말을 한다. 혹은 실수를 하거나 논리에 맞지 않는 말을 하면 '생각을 하고 행동하라'거나 '생각을 하고 말하라'고 일침을 가한다.

그러나 사실 생각이 없어 보이는 사람은 반대로 생각이 너무 많아서 문제인 경우가 대부분이다. 생각이 많은 사람은 생각을 쉽게 잊어버린다. 중요한 생각을 하다가도 저녁에는 뭘 먹을까 고민하고 급하게 걸려온 전화를 받다 보면 어느새 원래의 생각은 기억 저편에 가 있다.

그건 산만하거나 생각에 대해 진지하게 받아들이지 않아서가 아니다. 원래 우리의 생각이라는 건 아주 불규칙하다. 좋게 얘기하면 자유분방하고 나쁘게 말하면 무질서하다. 여러 가지 생각이 멋대로 계속 오간다. 한 가지 생각을 길게 이어나가기 힘든 것이다.

예를 들어 커피를 마실까 말까 생각하고 있다고 해보자. 지금 나는 커피에 대한 한 가지 생각만 하고 있다고 느끼지만 사실 그 생각은 아주 부분적으로 존재할 뿐 머릿속에는 오늘 아침 친구와 싸운 일에 대한 감정과 생각이 저변에 깔려 있다.

이처럼 무언가에 대해 생각하다가도 금방 온갖 상념이 방해하기 시작한다. 커피를 마실 것인지는 사소한 문제이지만, 특히 중요한 결정을 내려야 할 때 생각을 끝까지 이어가지 못해 뒤늦게 후회하는 경우도 많다. 누구나 생각할 줄은 알지만 '집중적으로 생각해서 올바른 결론을 내고 행동으로 옮기는 것'은 쉬운 일이 아니다.

'생각을 하는 것'은 태어나고 자라면서 자연스럽게 습득하는 능력이기에 많은 사람이 생각하는 법을 연습해야 한다고 여기지 않는다. 하지만 생각도 훈련이 필요한 영역이다. 생각 훈련이 안 되어 있는 사람은 생각이 너무 많아서 아무 결정도 못 하거나, 반대로 생각하기를 포기해 머릿속이 텅 비어 있는 것 같은 '생각 없는 사람'이 된다.

그렇다면 어떻게 생각을 연습해야 할까? 생각하는 방법에 대해 설명하기 전에 먼저 근본적인 질문을 던져보고자 한다. 생각이라는 건 과연 무엇인가? 생각이라는 건 어디서 튀어나올까?

| 생각의 세 가지 특성 |

'생각'이라는 단어는 굉장히 많은 뜻을 포함한다. 사물을 판단하는 작용부터 어떤 사건에 대한 기억, 무엇을 하고 싶다는 마음까지 목적과 활용에 따라 다양한 의미가 있다. (심지어 표준국어대사전에 '생각'을 찾아보면 무려 여덟 가지의 뜻이 나온다.)

여기에서는 생각이 지닌 여러 의미에서 공통적으로 드러나는 세 가지 특성에 대해 알아보자.

생각의 특성 중 첫째는, 생각이 우리 안에 존재하며 몸과 일체화되어 있다는 점이다. 여러분도 알다시피 생각은 '우리가 경험한 것이 누적되고 종합되어 생성'된다. 그런데 무언가 읽거나 경험하지 않아도 우리는 상상과 공상을 할 수 있다. 이처럼 아무런 외부 작용 없이도 생각을 낳는 생각의 세계가 있다는 것이 철학자 칸트가 설명한 '생각'의 개념이다.

현대 철학의 출발이라고 할 수 있는 프랑스의 철학자 메를로퐁티는 생각이란 단지 정신세계만이 아님을 강조한다. 그는 "우리 몸이 생각한다"라고 주장했다. 어떤 정신세계가 존재하고 그곳에서 생각이 양산되는 것이 아니라 뇌와 자율신경계, 감각 기관 등을 포함하는 몸 전체가 우리의 생각을 지배한다는 것이다. 더 정확하게는 몸과 생각은 분리된 것이 아니라 일체화된 하나의 실재라고 보았다.

예를 들어 배가 아프면 공부가 안 되고, 반대로 컨디션이 좋으면 창의적인 생각이 비교적 잘 떠오른다. 아무것도 안 하고 멍하니 있는 순간보다 몸이 책을 읽거나 공부를 하는 활동 중일 때 생각도 더 잘 난다. 가만히 누워서 글을 쓰려고 하면 아무것도 생각나지 않는데 책상에 앉아 뭐라도 쓰다 보면 새로운 아이디어가 튀어나오거나 생각이 잘 이어지는 경험을 하기도 한다.

생각의 특성 둘째는, 생각이 다른 사람에게 영향을 미치는 기운이나 에너지로 작용한다는 것이다. 이는 텔레파시처럼 사람과 사람 사이의 교감으로도 표현할 수 있으며 동양에서 말하는 기(氣), 서양에서 말하는 에너지와 같다.

철학자들은 이것을 다양한 이름으로 불렀다. 들뢰즈는 '힘의 강도'*, 니체는 '힘에의 의지'**라고 했으며, 쇼펜하우어는 '의지'***라고 표현했다. 개념마다 조금씩 차이가 있지만, 모두 개인의 역동적인 힘과 삶의 방향을 주도하는 에너지를 뜻한다는 점에서 같다. 기본적으로 사람은 누구나 기운을 가지고 있고 그것을 외부로 발산할 수 있다.

셋째, 생각의 세계는 바다처럼 넓으며 우리 안에 액체 상태로 존재한다는 점이다. 우리는 생각을 모호한 것처럼 느끼는데 그건 생각이 액체 상태이기 때문이다. 이것을 잘 정리해서 고체화시키지 않으면 형태가 제대로 느껴지지 않는다. 그래서 마치 아무것도 없는 듯 느껴진다.

생각의 세 가지 특성 중 우리가 주목해야 할 점은 바로 이 세 번째 부분이다.

---

* 힘의 강도는 존재하는 모든 것의 본질적 차이와 변화를 생성하는 원동력이다. 인간뿐 아니라 모든 존재가 상호작용하며 지속적으로 변화하고, 이 과정에서 개인의 창조성과 삶의 다양한 형태가 발현된다.

** 힘에의 의지는 삶의 근본적인 동력으로, 모든 존재는 삶을 유지하고 확장하려는 의지를 가진다.

*** 의지란 모든 존재의 근원적 힘이자 본성으로, 끊임없이 자신을 표현하고 실현하려는 동기로 작용한다.

| 마음의 액체성, 선택의 고체성 |

마음속으로 이미지를 하나 그려보자. 우리 안에는 생각의 바다가 넘실대고 있다. 파도가 치기도 하고 물이 이리저리 튀기도 한다. 이건 아주 자연스러운 현상이다. 그러다가 생각할 거리나 어떤 문제를 만났을 때 이 생각의 바다는 어떻게 될까?

어떤 사람의 바다는 한층 더 거세게 파도가 칠 것이다. 안 그래도 무질서한 생각의 바다가 더욱 아수라장이 된다. 이 사람은 좀처럼 길을 찾지 못한다. 그런데 어떤 사람의 바다는 순간 잠잠해지면서 바닷길이 쫙 열린다. 생각의 길이다. 이 길을 따라 걸어가면서 생각을 정리하고 문제의 답을 얻어낸다.

두 사람의 차이는 무엇일까? 바로 후자는 생각하는 힘, 즉 생각력을 가지고 있다. 평소에는 생각의 바다가 자유롭게 넘실대도록 두지만, 필요할 때는 의식을 쫑긋 세워서 논리적인 생각을 전개할 수 있다. 적합한 생각을 꺼내서 행동으로 옮길 수도 있다. 이것을 나는 '액체 상태의 생각을 고체로 만든다'라고 표현한다. 어떻게 이게 가능할까?

앞서 말한 것처럼 인간의 생각은 원래 아수라장에 가깝다. 머릿속에서는 하루 종일 이 생각 저 생각이 마구 떠오른다. 그러나 인간은 그 생각들을 논리적으로 연결하는 능력을 가지고 있다. 생각의 길을 만들 때 진짜 나를 볼 수 있다.

생각은 바다처럼 유동적이고 변화무쌍하다. 감정이나 상황, 외부의 영향에 따라 시시때때로 변한다. 이런 유동적인 생각을 정리해서 선택하면 구체적인 행동이나 결과로 이어지고, 이것은 삶에 지속적인 영향을 미친다. 다시 말해 변화무쌍한 생각을 잘 '선택'해서 '고정'한다면 삶의 방향을 원하는 대로 설정할 수 있는 것이다.

그렇다면 '생각 좀 하고 살기' 위해 드넓은 생각의 바다에서 우리가 할 일은 한 가지다. 일정한 방법을 통해 생각을 선택하고 고정하는 것. 그것이 생각의 길을 찾는 유일한 해법이다. 앞으로 이 책을 통해 만들게 될 마인드 박스가 우리를 그 길로 인도해 줄 것이다.

02

생각의 틀이 있어야
자유롭다

생각에 관해 우리가 잘 아는 격언들이 있다. 대표적으로 '틀 밖에서 생각하라', '생각의 틀을 깨라' 등의 표현을 많이 들어 보았을 것이다. 생각을 가둬놓지 않아야 새로운 생각이 생겨난다는 뜻이다. 하지만 나는 오히려 생각의 틀이 생각을 자유롭게 만든다고 말하고 싶다.

생각의 틀이 왜 필요할까? 내가 그 필요성을 실감한 것은 서울대에서 역사학을 전공하고 도쿄대로 유학을 갔을 무렵이었다. 설레는 마음으로 대학원의 첫 세미나에 들어갔다. 세미나 주제는 동아시아 역사였는데 동학농민운동에 관한 이야기가 나왔다. 내가 한국 사람이니 교수는 나에게 동학농민운동에 대해 설명해 보라고 했다.

나는 한국사를 전공하면서 공부했던 것을 바탕으로 설명을 시작했다. 동학농민운동은 관점에 따라 세 가지로 해석된다. 갑오농민전쟁, 동학혁명, 동학농민운동이다.

갑오농민전쟁으로 보는 시각은 중세 말기의 사회·경제적 모순에 의해 보편적으로 발생하는 농민 봉기의 성격을 지닌다는 점을 강조한다. 동학혁명으로 보는 시각은 동학이라는 종교적 사상에 기반한 혁명으로 해석한 것이다. 또 동학농민운동으로 보는 시각은 동학이 촉발하긴 했지만 사실상 농민들의 저항 운동이라는 관점이다.

이렇게 설명을 마치면서 내심 스스로 일목요연하게 잘 정리했다고 뿌듯해했다. 그런데 일본 학생들이 득달같이 질문을 던지기 시작했다. 그들의 요구는 세 가지였다.

"그 해석은 어떤 역사 이론에 근거한 것인가?"

"그런 해석을 뒷받침하는 구체적인 역사적 사실은 무엇인가?"

"선행 연구에서는 뭐라 말해 왔는가?"

쏟아지는 질문에 나는 아무런 답변도 하지 못했다. 이론과 구체적 사실이 뒷받침되지 않는 주장이나 해석으로는 다른 사람을 설득할 수 없을 뿐 아니라 사실을 왜곡할 우려도 있었다. 그

세미나 후로 며칠을 끙끙 앓았다.

그 후 나는 동학농민운동을 설명하는 이론적 틀을 다시 찾아 봤고 어떤 학설을 누가 주장했는지 조사했다. 그리고 여러 학설과 관련된 구체적 사실도 조사했다. 예를 들어 갑오농민전쟁이라는 해석에 대해서는 역사 이론과 모순 발생의 구체적 양상들을 추가하고, 동학혁명이라는 해석에 대해서는 당시 농민들의 종교 현황 같은 자료를 찾았다. 선행 연구의 제목들과 저자명에 대해서도 꼼꼼하게 정리했다. 이렇게 틀을 규정하고 이론과 사실을 더하자 체계적이고 탄탄한 논리가 완성되었다.

그 후 학자의 길을 걸으면서 무엇인가를 판단할 때 내 나름의 틀이 생겼다. 그리고 학문에서뿐만 아니라 삶을 살아가면서 생각의 틀이 있으면 더 논리적이고 풍부하며 자유롭게 사고할 수 있다는 것도 깨달았다.

가방에 물건을 마구잡이로 집어넣으면 오히려 자유를 저해한다. 필요한 물건을 원할 때 찾아 꺼내기가 힘들어지기 때문이다. 그래서 가방 안에 칸을 만들거나 작은 파우치를 활용하는 것처럼 생각도 그것을 담고 정리할 틀을 만들면 자유롭게 꺼내 쓸 수 있다. 삶의 영역에 대입해 생각해 보면 더 쉽게 답을 찾을 수 있을 것이다. 틀이 있으면 더 자유로워진다.

| 생각의 세 가지 틀 |

  그렇다면 어떤 틀에 따라 생각해야 할까? 우리가 무엇인가에 대해 생각하거나 판단을 내릴 때 통과해 볼 틀은 크게 세 가지다.

  첫째, 가장 위에 위치한 '패러다임'이다. 틀은 영어로 프레임(frame)인데, 사회적 차원에서의 프레임을 패러다임이라고 한다. 패러다임은 세상이 운영되는 가장 큰 원리다. 쉽게 말해 패러다임이 전환되면 세상이 바뀐다. 1만 년 전의 농업혁명이나 18세기의 산업혁명, 20세기의 정보혁명 등이 대표적인 패러다임 전환의 예다.

  둘째, 패러다임의 아래층에 위치한 '이론'이다. 이론은 현상이나 사실을 설명하거나 예측하는 틀을 말한다. 대표적으로 뉴턴의 운동법칙은 물체가 왜, 어떻게 움직이는지 설명한다. 아인슈타인의 상대성 이론은 우주의 구조와 중력을 이해하는 새로운 방식을 제공했다. 칸트의 인식론은 세상을 어떻게 인식할 것인지 알려주며, 레비나스의 윤리론은 어떻게 살아야 하는지를 가르쳐준다. 또 여러 경제학 이론은 경제 현상에 대해 설명한다.

  이처럼 세상에는 다양한 학문 분야에 수많은 이론이 존재하며, 계속해서 새로 등장하고 있다. 우리의 행동 하나하나가 이런 이론적 틀 안에서 일어난다고 보아도 무방하다.

셋째, 가장 아래층에 존재하는 '합리적인 판단'이라는 틀이다. 예를 들어 쇼핑을 할 때 세 가지 기준이 있을 수 있다. ① 내 예산에 합당한가? ② 필요한 물건인가? ③ 내 취향에 맞는가? 이런 구체적인 기준에 따라 합리적인 판단을 하는 것이다. 물론 이는 사람마다 다르기 때문에 어떤 상황이 닥쳤을 때 저마다의 기준을 판단에 활용한다.

이 세 가지 틀은 아래로 내려올수록 좁아진다. 대부분의 사람이 패러다임이라는 틀에 영향을 받으며, 합리적 판단은 가장

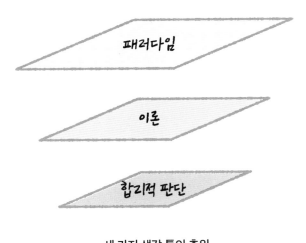

세 가지 생각 틀의 층위

개인적인 범위로 작용한다. 다시 말해 우리가 '어떤 일에 대해 합리적으로 판단한다'는 것은 여러 이론적 틀을 동원하며 그 이론들은 시대의 흐름, 즉 패러다임의 영향 아래 구성된다.

따라서 패러다임을 이해해야 이론들을 제대로 습득할 수 있다. 또한 이론을 이해하는 능력은 우리의 합리적 판단을 더 정확하고 유용하게 만들어준다.

03

'선 공부 후 실행'의
진정한 의미

사실 패러다임은 너무 크기 때문에 미처 의식하지 못할뿐더러 패러다임에 영향을 받는다는 자체를 모르고 산다. 예를 들어 우리가 화폐를 주고 상품을 구매하는 데는 자본주의라는 패러다임이 작동하고 있는 것이다. 그러나 지금으로서는 너무나 당연한 일이기에 '왜 그래야 하는지' 굳이 생각하지 않는다. 또한 개인이 단기간에 쉽사리 바꿀 수 없는 것이기도 하다.

그에 비해 이론은 개인이 적극적으로 활용할 수 있다. 이론을 많이 알고 이것을 무기로 장착하면 구체적인 판단 기준을 설정할 때 큰 도움이 된다. 패러다임의 영향 아래 구성된 다양한 이론들이 우리가 합리적으로 판단할 수 있도록 도와주는 도구이기 때문이다.

미국의 교과서를 보면 원리(principle)와 연습(practice)이라는 용어가 자주 등장한다. 미국 교육 시스템에서는 학생들에게 기본적인 이론 지식을 제공하는 동시에 실제 그 지식을 어떻게 적용할 수 있는지 보여주는 데 중점을 두는 것이다.

이론은 학문적 성과이자 인류의 지혜다. 그렇기 때문에 이론이라는 틀을 통과하면 아주 다양한 생각이 발현된다. 예를 들어 코로나19에 대해 어떻게 생각하느냐고 묻는다면 뭐라고 답할 수 있을까?

"코로나 때문에 살기 힘들어요."

누구나 할 수 있는 단편적이고 단순한 말이다. 그러나 코로나19에 대해 논할 수 있는 경제적 관점, 사회적 영향 등의 이론 틀을 가지고 있으면 풍부하게 생각하고 말할 수 있게 된다.

틀은 다른 말로 패턴이라고도 할 수 있다. 패턴을 인지해야 그 안에서 다양한 변이, 즉 창조적 생각이 가능해진다. 집을 새로 인테리어하기로 결심했다고 해보자. 무엇부터 시작해야 할까? 누군가는 인테리어에 대한 아이디어를 메모할 것이다. 그것도 좋은 방법이다. 그런데 아이디어만 메모하기에는 내가 가진 인테리어에 대한 지식이나 경험이 너무 빈약하다.

이럴 때는 먼저 인테리어의 기본에 대해 조사해야 한다. 그러면 인테리어를 할 때 어떤 영역이 있는지부터 무엇에 중점을 두어야 하는지까지 알 수 있다. 색조를 정할 때는 채광과 색조의 관계를 봐야 한다든가 하는 식의 기본 틀을 익히는 것이다. 그 틀을 놓고 그다음에 인테리어를 어떻게 할지 생각하면 전자와 전혀 다른 아이디어가 나온다.

그래서 나는 무엇을 하든 '선 공부 후 실행'을 외친다. 선 공부라는 것은 이론적 틀에 대한 공부를 전제로 한다. 내가 갖고 있는 다양한 생각이 이론이라는 패턴에 투과되면서 양적·질적으로 향상된다. 바로 그때 내 안의 잠재성을 분출할 수 있다. 나다운 생각을 표출할 수 있고 나다운 실행이 가능해진다.

| 더 나은 삶을 위한 생각의 틀 |

"교수님은 학자니까 이론을 잘 알겠지만 저같이 평범한 사람이 이론은 알아서 뭐합니까? 먹고살기도 바쁜데 그걸 안다고 사는 데 무슨 도움이 되겠어요?"

이렇게 말할 수도 있겠다. 실제로 많은 사람이 이론은 실생활과 동떨어져 대학이나 연구소에서나 필요한 것이라고 오해한다. 그러나 앞에서 살펴봤듯 우리가 사는 세상의 시스템은 사회·정치·경제적 이론들을 바탕으로 만들어진 것이다. 다만 우리가 그걸 인식하지 못할 뿐인데, 이론을 인식하고 세상을 보면 그전에는 안 보였던 것들이 보인다. 그리고 내가 어떤 방식으로 살고 있는지도 보인다.

우리는 소비를 할 때 주로 예산, 필요성, 취향이라는 세 가지 판단 기준을 가지고 있다. 하지만 여기에 다양한 이론을 더하면 어떻게 될까? 먼저 예산과 필요성에 관한 이론을 생각해 보자. 보통 사람들은 기업이 대중에게 필요한 것을 상품으로 만든다고 생각한다. 즉 수요가 공급을 창출한다고 여기는 것이다. 그런데 거꾸로 공급이 수요를 창출한다는 '세의 법칙(Say's Law)'이라는 이론이 있다.

예를 들어 우리가 옷이 없어서 옷을 사는 것이 아니다. 계절마다 신상품이 나오면 없던 욕구가 생기고, 다른 사람보다 멋있게 보이고 싶다는 욕망으로 옷을 계속해서 사기도 한다. 옷을 만드는 기업들은 이런 욕구를 자극하는 광고와 마케팅을 한다. 공급을 하고, 그에 맞는 수요를 만들어내는 것이다. 이런 이론을 알고 나면 쇼핑을 할 때 내가 기업의 마케팅에 휘둘리는 것인지, 아니면 정말 필요해서 사는 것인지 한 번 더 생각해 볼 수 있다.

또 다른 이론도 살펴보자. 독일의 사회학자인 막스 베버는

"인간은 합리성에 의거해 판단한다"라고 말했다. 그러면 나는 과연 합리적으로 소비하고 있는가 돌아볼 수 있다. 체크리스트를 만들고 우선순위를 정해서 계획한 예산 안에서 쇼핑하는 식으로 행동하고자 노력할 것이다.

"누가 쇼핑하는데 막스 베버를 생각해요?"

옳은 말이다. 그런데 이런 이론이 있다는 것을 알고 나만의 틀로 설정해 두면 굳이 쇼핑할 때마다 막스 베버를 생각하지 않아도 자신의 철학을 가지고 현명하게 행위할 수 있다.

취향에 대해서는 프로이트의 이론을 가져올 수 있다. 프로이트는 현실의 욕구가 왜곡되어 있기 때문에 우리 무의식에 있는 욕망을 끌어내서 내가 좋아하는 것을 찾고 긍정하라고 주장했다. 이에 따라 만약 내가 싫어하는 음식이 있다면 단순히 '싫어!'로 끝낼 것이 아니라 그것을 진짜 싫어하는지, 내가 진짜 좋아하는 음식이 무엇인지 찾아볼 수 있다.

어떤가? 소비에 관해서도 이처럼 세 가지 이론을 적용할 수 있다. 마찬가지로 살아가면서 겪는 다양한 경험에 수많은 이론들을 적용할 수 있을 것이다. 물론 세상에 존재하는 수많은 이론을 다 알 수는 없다. 그래서 나에게 필요한 부분을 선별해서 자기 삶의 이론으로 정리해야 한다. 이게 바로 나의 인생관이자 삶의 방식이 된다.

04

변증적 사고로
생각을 융합하라

친구와 영화를 보기로 했다. 나는 액션 영화가 보고 싶은데 친구는 감동적인 드라마 장르의 영화를 좋아한다. 이럴 때 어떻게 하는가? 한 명이 양보하거나, 어떤 장르가 더 좋은지 토론하거나, 그도 아니면 가위바위보로 정하지 않는가?

이때 사용할 수 있는 한 가지 방법은 '변증법적으로 사고하는 것'이다. 변증법적 사고는 문제를 다양한 관점에서 바라보고, 상반되는 아이디어나 개념 사이의 긴장과 상호작용을 통해 하나의 해결책을 도출하는 사고방식이다. 이 과정은 흔히 세 단계, 논제(thesis)와 반논제(antithesis), 그리고 종합(synthesis)으로 구성된다.

그럼 다시 친구와 영화를 보는 상황으로 돌아가 변증법적 사고를 적용해서 문제를 해결해 보자.

논제 나는 액션 영화를 봐야 한다. 액션 영화는 흥미진진하고 에너지 넘치며, 쉽게 몰입할 수 있다.

+

반논제 친구는 드라마 영화를 봐야 한다. 드라마 영화는 깊은 감정적 연결을 느끼게 하고, 인물의 심리를 탐구한다.

↓

종합 액션과 드라마의 요소를 모두 갖춘 영화를 찾아보기로 한다. 이 과정에서 액션 요소가 있으면서도 감정적 깊이를 느낄 수 있는 스토리의 영화를 발견한다. 결론적으로 모두가 만족할 수 있는 영화를 선택하게 된다.

위와 같은 방식을 사용하면 서로 다른 의견과 요구를 조화롭게 결합하는 방법을 찾을 수 있다. 한쪽의 의견만 받아들이는 게 아니라 대립된 의견을 모두 고려해서 새로운 해결책을 도출하는 것이다.

| 상호작용이 열어주는 새로운 가능성 |

그런데 나는 여기서 한 단계 더 나아가 '변증법적 사고' 대신 '변증적 사고'를 추천한다. 변증적 사고는 변증법을 기반으로 하는 현대적 사고방식으로, 변증법적 사고와 비슷하지만 조금 다르다.

헤겔의 변증법은 두 개의 상반된 것이 기계적으로 영향을 미치고 합쳐져서 새로운 것을 만들어낸다는 논리다. 이와 달리 현대 철학에서 변증적 사고는 복수의 요소들이 상호작용하여 주체의 일정한 변화를 야기하고 새로운 가능성을 만들어내며 성장하게 한다.

서로 다른 영화를 보고 싶어 하는 친구와의 일화로 다시 돌아가 보자. 이때 변증적으로 사고한다면 이렇게 전개될 것이다.

액션 영화를 보고 싶어 하는 나와 드라마 영화를 보고 싶어 하는 친구가 대화를 하면서 서로의 의견이 부딪히고 상호작용한다. 그 과정에서 나는 드라마 영화에 관심을 갖게 되고 친구는 액션 영화에 관심을 갖게 된다. 취향의 변화와 더불어 '심리적 드라마를 가미한 액션 스릴러'라는 새로운 형태의 영화에도 관심을 가지기 시작한다. 나와 친구는 가끔 만나 액션 영화, 드라마 영화, 액션 스릴러 영화를 모두 즐기게 되었다.

이처럼 변증적 사고를 통해 주체의 변화와 더불어 새로운 장르에 대한 탐색이 이루어져 두 사람은 더 풍부한 문화적 경험을 하게 된다. 프랑스의 철학자 질 들뢰즈는 이런 대화와 상호작용을 '주름(multiplicity)'이라는 개념으로 표현했다. 세계를 구성하는 모든 것이 연결되어 있고 상호작용하는데 그 모습은 마치 주름처럼 열렸다 닫혔다 하는 형상과 같다는 것이다. 이때 우리는 서로 영향을 미치면서 새로운 주름을 만들어가는 존재다. 이를 통해 새로운 발견을 하고 창조적인 결과물이 생성된다.

대화에서도 주름이 작용한다. 단순히 서로 의견을 주고받는 '기브 앤 테이크'의 차원이 아니다. 대화 속에서 상대의 가치성과 나의 가치성이 서로 주거니 받거니 하면서 새로운 것이 만들어진다. 물론 어떤 때는 내가 조금 일방적일 수도, 반대로 상대방이 조금 일방적일 수 있지만 그럼에도 상호작용은 항상 새로운 것을 만들어낸다.

가끔 대화를 하다 보면 A의 이야기를 B가 잘못 이해하고 있을 때가 있다. 그런데 신기하게도 대화가 통한다. 서로 다른 이야기를 하고 있는데도 희한하게 대화가 이어진다.

사실 마음을 말로 정확하게 표현해 낼 수 있는 사람은 많지 않다. 그래서 서로 동문서답만 하는 경우도 적지 않다. 그런데도 의미 있는 결과가 만들어지기도 한다는 것은 나의 의도가 관철되었을 때만 의미가 형성되는 것이 아님을 잘 말해준다.

책을 읽을 때도 마찬가지다. 저자의 의도라는 정답을 찾으려 하기보다는 저자의 메시지와 나의 감상을 변증적으로 사고해 보라. 한 챕터를 읽으면서 떠오른 질문을 써놓고 그에 대해 저자가 뭐라고 했는지 찾아보고 판단하면서 읽는 것이다. 저자와 생각이 다르면 다른 대로 괜찮다. 이런 과정에서 책의 내용이 자기화되면서 더 명확하게 이해된다.

| 변증적 사고로 삶의 방향성을 찾다 |

인생은 수학 문제가 아니다. 무엇이 옳고 그른지, 어떤 선택을 해야 하는지 판단할 때 항상 분명한 하나의 답만 존재하지는 않는다. 살면서 마주하는 문제들의 답은 복수이며 그 답들이 서로 영향을 미치면서 새로운 의미를 창출해 낸다. 그렇기에 변증적으로 문제에 접근하는 생각법을 체득하면 어떤 문제

를 판단하고 선택할 때 큰 도움을 얻을 수 있는데, 구체적으로
는 크게 세 가지 이점이 있다.

1. 비판적으로 사고할 수 있다

주어진 상황이나 이론에 비판적으로 접근할 수 있다. 무조건
받아들이는 게 아니라 다양한 관점을 고려함으로써 보다 포괄
적으로 사안을 이해할 수 있다. 이런 사고는 사회 현상을 분석
하는 객관적 시각을 제공하고 더욱 효과적인 의사결정을 가능
하게 한다.

2. 창의적으로 문제를 해결할 수 있다

상반되는 생각을 통합하려고 시도함으로써 새로운 해결책
을 만들어낼 수 있다. 기존의 관습이나 전통적인 사고의 틀을
넘어 창의적으로 살아갈 수 있다. 또한 서로 다른 의견을 가진
사람들과도 대화하고 협력하는 데 도움이 된다.

3. 자기반성을 통해 성장할 수 있다

내가 옳다고 믿는 것을 변증적으로 사고해 보면 사실은 옳
지 않았다는 걸 발견할 수도 있다. 특정 사안을 다른 각도로 보
면서 나의 한계를 인식하고 자기반성을 하며, 새로운 의견을

받아들이는 열린 태도를 가질 수 있다.

　삶에 변증적 사고를 적용해 보자. 만약 살아가면서 '꿈을 좇느냐, 돈을 좇느냐' 하는 고민이 있다면 반드시 어느 한쪽을 택할 필요는 없다. 변증적으로 사고하며 꿈과 돈을 모두 얻는 새로운 가능성을 찾을 수 있다.

　나의 진정한 욕망은 고정된 게 아니라 주름처럼 끊임없이 접혔다 펴지면서 변화하고 생성된다. 내 가짜 욕망을 걷어내는 것은 중요하지만, 그렇다고 해서 '이게 내 진짜 욕망이야'라고 확정하는 것도 위험하다.

　언제나 가능성을 열어두고 나를 포함한 모든 존재가 계속해서 변화한다는 사실을 잊지 말자. 나와 다른 사람들과의 관계, 그리고 나와 세상과의 관계도 상호작용하며 변화한다. 변증적 사고는 세상의 모든 것을 변화와 가능성으로 볼 수 있도록 도와준다. 이런 관점을 갖추었을 때 우리는 새로운 삶의 방향성을 찾을 수 있다.

05

생각을 마인드 박스로
만드는 연습

주변을 보면 자신만의 기준을 가지고 합리적이고 명확한 판단을 내리는 사람들이 있다. 그들은 대부분 '촘촘하고 다양한 생각의 틀'과 '변증적으로 사고하는 능력'을 가지고 있다.

생각의 틀을 만들고 변증적으로 사고하는 것은 특별한 재능이 아니다. 앞서 설명한 것처럼 삶과 연관된 다양한 이론을 융합해 보면 누구라도 유용한 생각의 틀을 만들 수 있다. 변증적 사고의 경우도 훈련을 하면 누구나 가능하다.

사람마다 인생에서 중요한 것이 다르고 생활방식도 다르기 때문에 나에게 필요 없는 생각의 틀까지 가지고 있을 필요는 없다. 중요한 것은 나에게 꼭 필요한 나만의 틀을 만들어 활용하는 것이다. 그렇게 하면 평소에 습관처럼 당연하게 하던 생각을 한 번쯤 비틀어 볼 수 있게 된다. 변화는 거기에서부터 시작한다.

나도 선택의 갈림길을 맞닥뜨릴 때마다 판단 기준으로 삼을 수 있는 여러 가지 생각의 틀을 만들어 놓고 삶에 활용하고 있다. 언제 어느 때라도 필요한 순간에 꺼내 쓸 수 있도록 머릿속에 저장해 두었는데 이것이 '마인드 박스(mind box)'다.

여기서 중요한 점은 박스 안에 담아야 하는 것이 생각 그 자체가 아니라 '변증적 사고를 통해 논리적으로 정리된 생각의 틀'이라는 점이다. 생각의 바다에 널려 있는 수많은 생각 중에서 나에게 필요한 것을 들여다보고 논리적으로 정리해 마음에 갖출 때 이것은 'think'가 아니라 'mind'가 된다.

기록학의 핵심은 단순히 '기록하는 것'이 아니라 기록을 생산·분류·기술하고 그것을 효과적으로 활용할 수 있게 만드는 데 있다. 한평생 기록학자로서 유용한 지식과 정보, 경험을 선별하고 활용해 온 내가 생각의 바다에서 삶을 살아가는 데 무기가 되는 생각들을 발견하고 그것을 머릿속 상자에 축적 및 정리해 인생의 기축으로 삼은 것은 어쩌면 당연한 일일지도 모른다.

이렇게 만든 마인드 박스들은 세상을 살아가는 방식과 태도

이자 선택의 기준이 되어준다. 사람에게는 누구나 자신만의 마인드 박스가 있다. 우리가 배웠거나 경험했거나 깨달은 생각들은 의식하지 않더라도 자연스럽게 축적된다. 이것을 제대로 인식하고 쌓아나갈 때 나만의 판단 기준이 생기고 내면에 잠들어 있던 잠재력이 비로소 실체가 있는 능력으로 바뀌게 된다.

| 박스에 무엇을 담을 것인가? |

마인드 박스에는 완벽한 완성, 즉 끝이라는 것이 없다. 사람은 죽을 때까지 생각을 멈추지 않고 지속적으로 성장하기 때문이다. 마찬가지로 마인드 박스도 끝없이 변화하고 성장한다. 마인드 박스를 만들고 키워나가는 것은 하나의 유기적인 과정에 가깝다. 하지만 여기에서는 여러분의 이해를 돕기 위해 네 단계로 나누어 설명하고자 한다.

앞서 말했듯 마인드 박스를 만드는 이유는 인생관을 정립하기 위해서뿐만 아니라 생각력을 키우기 위해서이기도 하다. 아이디어가 좋은 사람, 논리적으로 말하는 사람, 글을 잘 쓰는 사람, 전략을 잘 세워서 무엇인가를 해내는 사람 등. 이들은 반복 훈련을 통해서 생각력을 키워온 사람들이다.

일상에서 생각력을 키우기 위해 우리가 가장 잘 쓸 수 있는 수단은 단연 '기록'이다. 기록은 액체의 생각을 고체로 만들어준다. 새롭게 정립된 내 생각을 눈으로 확인하게 해주는 것이다. 생각만 할 때보다 그것을 기록으로 구체화, 가시화했을 때 내 태도와 행동 방식이 더 빠르게 변화한다.

이 책에는 내가 인생을 살면서 꼭 필요하다고 느꼈던 16가지 마인드 박스를 담고 있다. 기록이라는 수단을 염두에 두고 마인드 박스를 만드는 아래의 네 단계를 하나씩 살펴보자.

1단계: 인생을 관통하는 질문 찾기

사람이 인생을 살아가는 데 중요한 것들이 있다. 나는 이것을 '인생의 질문들'이라고 부른다. 인생의 질문들을 어떻게 구체화시키는가에 따라 삶의 방향이 결정된다.

나의 경우는 세상과 타인에 휘둘리지 않는 나만의 인생을 사는 것을 큰 과업으로 삼고 이를 위해 ① 내 진짜 모습을 찾고, ② 인생의 주인으로 거듭나며, ③ 나답게 선택하고 판단해, ④ 궁극적으로 나도 잘 살고 내가 속한 공동체도 잘 사는 길을 찾기로 마음먹었다. 그리고 각각에 대해 다음과 같은 인생의 질문을 던졌다.

"나의 진짜 모습은 무엇인가?"

"나는 주체적으로 살고 있는가?"

"나답게 판단할 수 있는가?"

"나는 홀로 그리고 함께 살아갈 수 있는가?"

2단계: 인생의 질문과 연결되는 가치 찾기

두 번째로 각 질문과 내 삶을 연결하는 가치들을 찾는다. 인생의 질문은 굉장히 광범위한 내용을 담고 있기 때문에 이를 우리 삶에서 마주할 수 있는 가치의 영역으로 한 단계 끌어내려 오는 것이다. 이런 가치들은 우리가 살면서 자신만의 기준을 반드시 가져야 하는 영역이기도 하다.

질문	가치
"나의 진짜 모습은 무엇인가?" →	욕망, 경쟁, 소비, 잠재성, 꿈과 돈
"나는 주체적으로 살고 있는가?" →	시간, 그릿, 일, 주체성
"나답게 판단할 수 있는가?" →	실리와 명분, 이성과 감성, 육체와 정신, 객관과 주관
"나는 홀로 그리고 함께 살아갈 수 있는가?" →	다양성, 가족, 이타성

3단계: 각 가치를 박스에 넣고 나의 생각 정리하기

네 가지 인생의 질문에 해당하는 가치를 총 16개로 정리했다. 이제는 각각의 가치를 박스로 만들어 머릿속에 보관하자. 그리고 각 박스에 나의 생각, 경험, 아이디어, 감정 등을 분류하고 저장하라. 이것을 일기처럼 기록해 보기를 권한다. 이를 통해 나의 사고 패턴과 행동 양식을 파악할 수 있다.

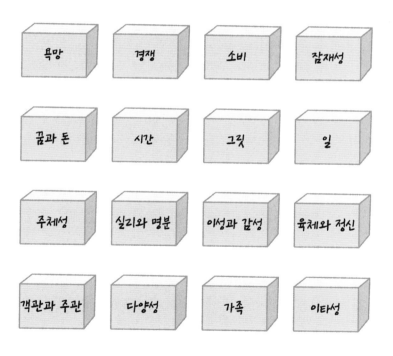

16가지 마인드 박스

박스에 무엇을 담을 것인가

4단계: 이론과 지식을 박스에 넣어 융합하기

우리는 앞서 가치들에 대한 생각을 박스 안에 보관해 두었다. 이것을 '마인드'로 바꾸기 위해서는 생각의 틀, 즉 외부의 이론과 지식이 필요하다. 마지막 4단계는 이론과 지식을 나의 생각과 변증적 사고로 융합해 나만의 판단 기준을 만드는 단계다. 이 과정을 통해 세상을 살아가는 통찰력과 지혜를 얻게 된다. 새로운 문제나 도전에 직면했을 때 마인드 박스를 열어 보고 참고해서 효과적인 전략을 수립할 수 있다.

이 책에서는 16가지 가치에 대해 철학·인문학·사회학을 아우르는 기본적인 이론과 관점을 소개한다. 이미 아는 내용도 있을 것이고 처음 접하는 내용도 있을 것이다. 책에 줄을 긋고 여백에 키워드를 메모하며 자신이 가지고 있던 생각과 융합해 보자.

앞서 설명한 네 단계를 거치면 여러분의 머릿속에는 마인드 박스가 자리를 잡게 된다. 이 책에서는 총 16가지의 마인드 박스를 제시했지만 필요에 따라 개수를 줄이거나 늘려도 무방하다. 16가지를 모두 만들기 버겁다면, 자신에게 가장 필요한 가치를 우선적으로 선택해서 만들어 보자. 그러면 내가 살고자 하는 인생의 방향, 내 안에 잠들어 있던 인생의 질문에 대한 답을 찾아나갈 수 있다.

우리의 삶은 더 나은 답을 찾기 위한 과정이다. 나는 여러분이 본격적으로 마인드 박스를 채우기 전에 인생의 질문들에 대해 더 자세히 고민해 보길 바란다. 질문을 파고들수록 박스에 무엇을 담아야 하는지 선명하게 보이기 마련이다.

2장

인생을
관통하는
질문들

인생의 질문은 쉽게 풀리지 않는다.
다만 살면서 마주했던 크고 작은 선택의 순간들을 묶어본다면
'어떻게 살고 싶은가'에 대한 해답을 얻을 수 있으리라 믿는다.

나의 진짜 모습은
무엇인가?

　내가 교수가 되는 건 어머니의 오랜 바람이었다. 물론 나도 학자가 되고 싶었지만 그게 내가 진짜 원한 것인지, 아니면 어머니의 바람이 투영된 것인지는 확실치 않았다. 그리고 언젠가는 확실한 답을 찾아 나서야 한다는 걸 예감했다.

　유학 생활을 마치고 한국에 돌아와 마침내 교수가 되어 어머니의 바람을 이뤄드린 후 나는 선언했다.

　"이제부터 나에게 어떤 바람도 품지 마시라. 지금부터는 내 마음대로 살겠다!"

　물론 교수 생활은 큰 의미가 있었다. 한국에서 기록학이라는 분야를 개척하고 제자들을 키워내는 일은 보람찼다. 하지만 가

습속에 채워지지 않는 구석이 있는 것 같다는 느낌을 줄곧 받았다.

그 답을 찾게 된 것은 몹시 안타까운 사건이 계기였다. 세월호 참사가 발생한 후 나는 피해자 가족들과 함께 생활하며 내가 할 수 있는 일들을 실천했다. 그중 하나가 피해자 가족이 자신들의 목소리를 내고 그것을 말과 글로 표현할 수 있도록 돕는 일이었다. 대학원생이나 학생들이 아닌 일반 대중을 가르친 것은 처음이었는데, 생각보다 그들의 성장 속도가 엄청나게 빠른 것을 목격하고 깜짝 놀랐다.

그때 깨달았다. '나는 가르치는 걸 좋아하지만, 가르쳐서 사람들을 '깨우치게 하는 것'을 더 좋아하는구나! 그리고 일부 엘리트보다 평범한 대중과 함께하는 걸, 특히 어려움에 처한 사람들이 문제를 극복해 가는 데 함께하는 걸 좋아하는구나!'

또한 그 과정에서 나 자신이 인지적으로 학습하는 능력보다 경험적으로 학습하는 능력이 더 뛰어나다는 사실도 알게 되었다. 미처 몰랐던 내 모습을 발견한 것이다. 무엇보다 중요한 것은 내가 지금의 삶보다 더 원하는 삶이 있다는 사실을 깨달았다는 점이었다. 그때부터 나는 교수가 아니라 대중 교육자를 꿈꾸게 되었다. 그리고 지금도 그 꿈을 이루기 위해 여러 가지 시도를 하고 있다.

| 자신의 욕망을 모르면 남의 욕망을 따르게 된다 |

우리나라에서 모두가 성공했다고 손뼉 쳐주는 삶은 어떤 삶일까? 일반적으로는 명문대를 졸업한 후 대기업에 취업하는 루트를 떠올릴 것이다. 학교에 다닐 때 공부를 잘하면 가족이나 선생님, 친구들이 기대를 품는다. 그러면 나도 모르게 주변 사람들의 기대에 부응하기 위해 더 노력한다. 명문대에 입학하고 대기업에 취업하는 게 나의 꿈이라고 여기게 된다.

물론 그게 진짜 원하는 바일 수도 있지만 그렇지 않은 경우도 참 많다. 막상 몇 년간 회사를 다니다 보면 회의감과 공허감이 찾아온다. 일에서 큰 만족감을 느끼지 못하고 매일 반복되는 업무와 경쟁적인 회사 문화에 지쳐간다. 그제야 자신이 진정으로 무엇을 원하는지 고민하기 시작한다.

우리 사회는 모범생을 높이 평가한다. 그러나 공부를 잘하고 어른 말을 잘 듣는 사람이 모범생이라는 건 그저 하나의 생각 방식일 뿐이다. 결국은 자기가 무엇을 원하는지 모르기 때문에 다른 사람들에게 높이 평가받을 수 있는 길을 따르는 것 아닌가? 그 길은 가는 과정도 즐겁지 않거니와 결국에는 한계에 부딪히고 만다. 보람도 의미도 찾을 수 없기 때문이다.

지금 내 삶이 마음에 들지 않는가? 나답게 살고 있지 않다고 느끼는가? 지금 삶에서 공허함이나 불만족을 느낀다면 내가 진정으로 원하는 삶을 살고 있는지, 내가 원하는 삶은 어떤 삶인지 진지하게 생각해 볼 일이다.

| 인생은 나다움을 찾아가는 과정 |

당신은 자신의 진짜 모습을 알고 있는가? 사회화의 과정에서 우리는 누구나 가면을 쓰게 된다. 한 회사의 직원이고, 한 가정의 아내 혹은 남편이고, 부모님의 자식이기도 하며, 한국 사회의 구성원이기도 하다. 우리는 다양한 가면을 적시적소에 바꿔 쓰면서 그 가면에 맞는 가치에 따라 행동한다. 그러다 보면 뭐가 진짜 내 얼굴인지, 내 가치관이 무엇인지 혼란스러워진다.

이 가면을 '페르소나(persona)'라고 한다. 페르소나가 여러 개 있다는 것이 나쁘다는 뜻은 아니다. 하지만 자칫 자신을 잃으면 삶의 의미마저 잃게 된다. 이런 현상은 근대에서 현대로 올수록, 사회가 복잡해질수록 더욱 강화된다. 그래서 현대사회에서는 진짜 자기를 발견하는 게 참 어렵다.

특히 어릴 때부터 부모와 주변 사람들이 바라는 자신의 이미지를 진짜 자신이라고 착각하게 되면 현재 내가 원한다고 생각하는 것도 나의 페르소나가 형성한 가짜 욕망일 가능성이 크다.

'나'니까 나를 잘 안다고 생각하지만 실제로는 그 반대다. 대부분의 사람들이 다른 사람을 만나서 알아가는 데는 정성과 노력을 쏟으면서 자기 자신을 알아가려는 노력은 하지 않는다. 진짜 나를 찾고 싶다면 내면을 들여다보고 자신에 대해 알아봐야 한다. 나다운 것이 무엇인지에 대해 계속 고민하고 생각해야 한다.

'나는 어떤 사람인가?'
'나는 무엇을 좋아하고 어떤 것에 가치를 두는가?'

인생은 나다움을 찾아가는 과정이라고 해도 과언이 아니다. 나답게 살기 위해서는 페르소나를 잠시 걷어내고 진짜 모습과 삶의 목적을 찾아야 한다. 그동안의 나를 뒤집어 보라. 나라는 사람은 결정된 고정체가 아니라 변화하고 생성하는 존재임을 인식하고, 미처 발견하지 못한 잠재성을 향해 문을 활짝 열고 살아야 한다. 그래야 새로운 가능성이 나를 찾아온다.

나는 주체적으로
살고 있는가?

"인생의 주인으로서 주체적으로 살아야 한다"라고 말하면 분명 이렇게 말하는 사람도 있다.

"어떻게 사람이 하고픈 대로만 하고 삽니까!"

주체적으로 사는 것은 하고 싶은 대로, 원하는 대로만 사는 것이 아니다. 하기 싫지만 해야만 하는 일을 수행해 내는 사람에게 "당신은 주체성이 없다!"라고 말할 수 없는 일이다. 우리는 주체성을 '행동'으로 오해하지만, 사실 주체성이란 무엇인가를 할 때 나의 마음이 어떤지 제대로 '인식'하는 일이다.

만약 학생이라면 지금 당장 공부가 하기 싫을 수 있다. 그럼 공부를 때려치우고 학교 밖으로 놀러 가는 것이 주체적인 행동일까? 물론 너무나 확고한 인생의 목표가 있고, 그것을 학교 공부와 양립할 수 없는 상황에서는 공부를 포기할 수도 있다. 그러나 이런 경우는 아주 드물다. 보통의 학생들에게 주체성이란 왜 지금 공부해야 하는지 스스로 그 이유를 알고, 미래의 내가 되고 싶은 모습을 위해 현재의 지루한 공부를 참아낼 줄 아는 것이다.

학생뿐만 아니라 직장인도, 주부도 마찬가지다. 지금 나의 모습, 내가 하고 있는 일에서 진짜 나를 찾을 수 없다는 이유로 당장 모든 것을 멈추고 나를 180도 바꿔야 하는 것은 아니다. 지금 상황에서 내가 할 수 있는 최소한의 일을 하나씩 늘려가는 것이 중요하다.

당신이 평범한 직장인이라고 해보자. 아무리 해도 줄어들지 않는 업무, 워라밸이라고는 찾아볼 수 없는 매일의 야근, 일을 떠넘기기 바쁜 상사와 맘대로 일정을 바꾸는 거래처 등에 휘둘리고 있다. 내가 일을 하는 것인지 일이 나를 잡아먹는 것인지 모르겠다. 처음에는 열심히 일해서 이루고자 하는 목표가 있었던 것 같은데, 이제는 그저 돈을 벌기 위해 억지로 하는 것인지 정말로 내가 원하는 일인지도 모르겠다.

이런 상황에서 당신은 어떻게 주체성을 찾아야 할까? 당장 회사를 그만둬야 할까? 나는 이럴 때 우선 자신의 진짜 모습과 욕망을 들여다보라고 권한다. 그리고 그 이후에 하루 단 10분이라도 일상에 그 욕망을 끼워 넣으라고 말한다.

만약 당신의 진짜 욕망이 자유롭게 여행하며 사진을 찍고 글을 써서 에세이스트가 되는 것이라면 하루에 한 장씩, 점심시간에라도 주변 풍경을 찍어보라. 한두 줄이라도 좋으니 일상의 감각을 휴대폰 메모장에 적어보라. 이건 누가 시켜서 하는 행동이 아니고 나의 꿈을 위해 하는 주체적인 행동이다.

이런 행동들이 하나둘씩 매일 모인다면 당신의 인생은 주체성을 향해 나아가는 것이다. 삶은 분절된 하루가 아니고 연속된 매일이다. 점이 아니라 선이다. 혼자 힘으로 점의 위치를 크게 바꿀 수는 없지만 1밀리미터씩이라도 점을 움직여 나간다면 결국 선이 향하는 방향은 끊임없이 새롭게 생성된다.

│ 당신이 휘둘리며 사는 이유 │

많은 사람이 자신을 둘러싼 환경에 휘둘리고, 다른 이들의 말에 휘둘리고, 세상에 휘둘린다. 왜 우리는 휘둘리며 살까? 다음의 세 가지가 우리에게 계속 영향을 미치기 때문이다.

첫 번째는 세상의 시스템이다. 우리는 '시대' 안에서 태어난다. 시대를 벗어나서 살 수 없기에 사회의 법률이나 윤리, 가치관처럼 내 의지와 상관없이 이미 결정된 시대의 산물이 우리에게 무의식적으로 영향을 준다. 으레 '학생이라면, 직장인이라면, 부모라면 혹은 한국인이라면'처럼 시대가 개인에게 요구하는 바도 이에 해당한다. 이런 것에서 자유로워지려면 용기가 필요하다.

두 번째는 돈이다. 사람들은 돈에 대해 이중적인 잣대를 가지고 있다. 돈을 많이 갖길 원하면서도 누군가 그걸 입 밖에 내면 경멸에 찬 시선을 보낸다. 요즘은 돈에 대한 솔직한 태도를 긍정적으로 인식하는 사람도 많아졌지만, 아직까지도 누군가 자신의 인생관은 무엇보다 돈을 많이 버는 것이라고 말하면 혀를 끌끌 찬다. 부자가 되고 싶다는 바람을 속물적인 것으로 치부하고 심지어 죄악시하기도 한다.

그러나 역설적이게도 돈에 휘둘리지 않으려면 돈을 벌어야 한다. 얼마나 벌어야 할지는 각자의 기준마다 다르겠지만 결국 돈이 있어야 자유를 획득할 가능성도 커진다.

세 번째는 비교하고 경쟁하는 문화다. 타인을 의식할수록 삶의 기준은 내가 아닌 다른 사람이 된다. 자신이 원하는 게 아니라 남들이 원하는 걸 좇게 된다. 나의 성장을 목표로 하는 대신 남들을 이기고 싶어서, 남들에게 잘 보이고 싶어서 허울뿐인 목표를 향해 정신없이 달려가다가 '내가 지금 이걸 왜 하고 있는지 모르는 순간'이 찾아온다.

어떤가. 당신은 세상의 시스템, 돈, 비교와 경쟁 사이에서 자유로운가? 자신도 모르는 사이에 휘둘리고 있지는 않았는가? 물론 우리가 그 실체를 알았다고 하더라도 완전히 벗어날 수는 없다. 앞서 말했듯 살아왔던 방식을 한순간에 바꾸기란 다시 태어나는 것만큼 힘든 일이기 때문이다. 하지만 지금보다 더 자유롭고 행복하게 사는 방법은 있다. 바로 주체적인 나만의 인생관을 확립하는 것이다.

∣ 내 인생의 주도권을 빼앗기지 않으려면 ∣

사람은 저마다 인생이라는 가방을 하나씩 안고 태어난다. 부잣집에서 태어난다고 가방을 두세 개 더 받는 것이 아니라 모두에게 공평하게 하나씩 주어진다. 다만 그 가방을 짊어지고 살아가는 모습은 모두 다르다.

어떤 사람은 가방에 의미 있는 것만 담아내는가 하면 어떤 사람은 쓰레기만 담기도 한다. 또 어떤 사람은 자기 가방을 소중하게 짊어지는 반면 어떤 사람은 자기 가방은 내팽개친 채

남의 가방을 드느라 시간을 허비하고, 또 다른 사람은 자기 가방을 송두리째 빼앗기기도 한다.

내게 주어진 인생이라는 가방에 내가 원하는 것만 넣어 당당하게 짊어진 사람은 충만하고 성공적인 삶을 산다. 반면 그러지 못한 사람의 삶은 지옥으로 변한다. 내 삶에 대한 통제력을 상실했다고 느낀다면 다음을 생각해 보라.

'인생에서 중요한 결정을 내릴 때 내 진정한 욕망보다 부모나 배우자, 주변인들의 기대에 더 많은 비중을 두지 않는가?'
'다른 사람의 말이나 기분에 지나치게 좌우되고 그들을 기쁘게 하려고 애쓰지 않는가?'
'내 의사와 상관없이 다른 사람의 요구에 따라 행동하고 있지 않은가?'
'내 감정은 무시하고 다른 사람들을 만족시키기 위해 자신을 희생하고 있진 않은가?'

주체적인 삶을 살아가고 있지 못하다면 이것이 불행의 시작이다. 내 경험상 주체적으로 살지 못한 사람은, 젊었을 때는 깨닫지 못하더라도 주로 40~50대가 되면 불행이 엄습해 오는 일이 많다. 여성의 경우 갱년기라는 몸의 현상과 맞물린다. 주부라면 지금까지 아이를 키우며 정신없이 살아왔지만 갱년기 시기는 대체로 자녀들도 다 컸을 때라 인생의 목표가 없어지는 기분이 든다. 심지어 60대가 되면 할 일이 없어진다. 그래서 손주를 봐주는 데 다시 인생을 바치는 사람도 있다. 자신만의 인생을 어떻게 살아야 하는지 모르기 때문이다.

남성의 경우에는 은퇴와 맞물린다. 특히 지금까지 한국의 가부장 구조에 익숙해져 있던 남성이 은퇴를 하고 할 일이 없어지면 우울감이 크게 온다. 중년 남성들은 그동안 지켜온 페르소나 때문에 자신의 감정을 제대로 표현하지 못하고 점점 깊은 상실감에 빠지기도 한다.

나이에 상관없이 지속적으로 성장하고 싶다면 현재의 삶이 전해오는 불만족과 허무감, 무력감 등의 경고를 무시해서는 안 된다. 그것을 극복하기 위해 자신의 내면을 계속 들여다봐야 하고, 들여다본 것을 토대로 자신을 바로 세워야 한다. 인생에서 무엇인가 선택하려고 할 때 내 안에서 꿈틀거리는 욕망을 자유롭게 만들어가는 것. 이것이 삶의 주도권을 되찾는 방법이다.

質문 ③

나답게
판단할 수 있는가?

우리는 얼마나 많은 결정을 내리면서 살까? 오늘 입을 옷을 고르는 것부터 몇 시에 잠자리에 들 것인지와 같은 매일의 사소한 일을 비롯해 어느 회사로 이직을 할 것인지, 이 사람과 결혼을 할 것인지와 같은 인생을 좌우하는 결정도 있다. 수많은 결정 사이에서 사람들은 과연 자신의 판단이 옳은지 고민한다. 스스로 납득할 수 있는 나다운 판단을 하려면 수많은 결정을 '직접' 해봐야 한다.

보통 결정을 내리기 어려워하는 사람들은 자신의 성격에 대해 '결정 장애가 있다'라고 표현한다. 하루에도 적게는 몇 가지, 많게는 수십 가지 선택을 해야 하는 삶에서 판단하고 결정

하기를 힘들어한다면 일상이 언제나 피곤하고 불만족스러워
진다.

어느 날 제자와 이런저런 대화를 나누는데 자신은 결정 장
애가 있어 점심 한 끼를 먹는데도 메뉴를 결정하기가 참 힘들
다고 하소연해 왔다. 우선 가격이 신경 쓰이고, 함께 밥을 먹는
사람이 뭘 원할지 지나치게 생각한다는 것이다. 눈치 보고 사
는 데 익숙해진 탓이다.

점심 메뉴 하나 고르는 데도 이런데, 살면서 수없이 부딪히
는 선택의 순간에는 어떨지 제자의 앞날이 걱정되었다. 쉽게
판단하지 못하고 우물쭈물하다가 의도하지 않은 방향으로 떠
밀리듯 흘러가 버리는 것은 아닐까.

나이가 든다고 결정을 잘하게 되는 것도 아니다. 청년은 청
년대로 경험이 부족해 판단에 어려움을 겪는다. 특히 부모가
대신 결정해 주는 환경에서 자라다 보면 아주 사소한 일도 스
스로 판단하지 못해 어물쩍댄다.

경험과 연륜이 쌓이는 50대쯤 되면 어떨까? 그동안 살면서
이미 삶의 많은 부분이 결정되었기 때문에 더 이상 인생에 대
한 큰 기대가 없다. 게다가 60대가 되어 은퇴 시기를 맞으면
경제적 불안까지 겹치기 때문에 소심해지고 우유부단해지기
쉽다.

이처럼 스스로 판단하지 못하는 삶을 과연 내 인생이라고 부를 수 있을까?

| 대신 선택해 주는 세상 |

우리는 인터넷에서 물건을 살 때 다른 사람들이 쓴 상품평을 살펴본다. 그렇게 해야 합리적인 판단을 내릴 수 있다고 생각하기 때문이다. 하지만 이것은 다른 사람의 판단에 의거해서 나의 판단을 실행하는 것과 같다.

물론 상품평이나 후기를 참고할 수야 있겠지만 의존하는 건 위험하다. 타인의 필요나 취향, 판단 기준이 나와 완전히 합치할 수는 없기 때문이다. 요즘에는 정보가 너무나 많다. 인터넷에 넘쳐나는 정보 중 대부분은 불필요한 것이고, 나에게 정말 필요한 정보는 일부분에 불과하다.

또한 물건이야 후기만으로도 살 수 있지만, 인생의 수많은 결정을 그런 식으로 할 수는 없다. 내 안에 기준이나 철학 없이 다른 사람들의 평가를 보고 따라가는 건 위험하다. 막상 가 보니 그 길이 내 생각과 다르다면 누구를 탓할 것인가? 얼굴도 모르는 이들을 탓해봐야 뭐가 달라지겠는가?

요즘 우리 선택에 큰 영향을 미치는 것이 하나 더 있다. 바로 '알고리즘'이다. 알고리즘은 점점 더 많은 분야에서 인간의 의사 결정 과정을 대체하고 있다. 예를 들어, 추천 시스템은 우리가 무엇을 보고, 읽고, 구매할지 결정하는 데 큰 영향을 미친다.

　유튜브만 켜보더라도 내가 지금 관심 있는, 관심 있을 법한 주제에 대한 추천 영상이 주르륵 이어진다. 인스타그램에서는 내가 관심 있을 법한 제품 광고가 쉴 새 없이 뜬다. 요즘 나는 체중 조절 중이라 식단에 신경을 쓰고 있는데 귀신처럼 후기가 몇천 개 달린 재구매율 1등을 했다는 다이어트 도시락이나 반값 할인을 한다는 운동기구의 광고를 마주한다.

　이처럼 우리 생활에 깊숙이 침투한 알고리즘은 편리하기도 하지만 판단의 주체성을 위협하기도 한다. 다이어트 식단의 후기가 구매 버튼을 누르게 하고, 재구매율 1등을 했다니 나도 사야 할 것 같다. 결국 선택의 자유가 제한되며 내 취향과 선호가 알고리즘에 의해 형성되고 강화된다. 누군가는 이렇게 물을 것이다.

　"알고리즘이 내 취향을 미리 알고 제안하거나, 다른 사람들이 대신 선택해 주면 더 편한 것 아닌가요?"

　스스로 선택하지 않는 인생을 살다 보면, 선택을 남에게 맡기는 것을 합리적이라고 착각하게 된다. 알고리즘을 활용하는 사람이 되려다가 자신도 모르게 알고리즘으로만 살아가는 사람이 되어서는 안 된다. 제대로 알고리즘을 활용하려면 주체적인 기준을 가져야 한다.

인공지능을 비롯한 기술을 이해하는 IT 문해력이 필요한 시대다. 기술을 이해하지 못하면 선택했다고 착각하고, 그 결과 실패하는 경험을 거듭하게 되어 더 스스로 선택하지 못한다.

온라인 쇼핑 플랫폼에 들어갔더니 내가 좋아할 만한 제품을 추천해 준다면 그것은 평균적인 값일 뿐이라는 점을 명심하자. 평균에 수렴되기보다 자신의 기준은 무엇인지 생각해 보자. 판단과 선택을 할 때는 자기 확신을 가질 수 있는 기준이 필요하다.

| 올바른 판단은 나만의 선택에서 나온다 |

"스스로 결정했다가 일이 잘못되면 어떻게 합니까?"

"잘못 결정해서 비난받을까 봐 걱정돼요."

잘못된 결정을 할까 봐 두려울 수 있다. 나쁜 결과를 불러온다면 온전히 내 탓이 될 것 같아 피하고 싶은 것이 당연하다.

그러나 인생에는 정답이 없기에 어떤 사람도 항상 올바른 결정만을 할 수는 없다.

과거를 돌이켜 보면 나 또한 잘못된 결정을 내린 경우가 많았다. 그럼에도 선택 자체를 후회하지는 않았다. 중요한 선택일수록 내 인생관에 기초한 기준에 따라 결정했기 때문이다. 인생에서 항상 좋은 결과만 있을 수는 없는 법 아닌가. 오히려 내 판단으로 결정했기에 일이 잘못되었을 때 더 능동적으로 대처할 수 있고, 그 과정에서 익힌 것을 바탕으로 다음에 더 좋은 판단을 내릴 수 있게 된다. 성장이란 이렇게 이루어진다.

우리는 왜 결정 장애를 겪는가? 자기 자신을 못 믿기 때문이다. 왜 자기를 못 믿을까? 잘못된 선택이 치명적인 결과를 가져올 거라고 생각하기 때문이다. 그러나 그것은 대부분 착각이다.

옷을 하나 샀다고 가정해 보자. 매장에서는 참 좋아 보여서 샀는데 집에 와서 보니 영 나와 어울리지 않는 옷이라는 걸 깨달았다. 그러면 이 선택은 실패한 것일까?

그렇지 않다. 먼저 집에 있는 다른 옷이나 액세서리를 매칭해 볼 수도 있고, 헤어스타일이나 화장을 수정해 어울리는 방법을 찾을 수도 있다. 혹은 이번 기회에 이런 스타일은 안 어울린다는 것을 깨달았으니 다음에는 사지 않으면 된다. 또 다른 방법으로는 그 옷이 더 잘 어울리는 가족이나 친구에게 선심을 써서 선물해 줄 수도 있다.

이처럼 최선의 선택을 하지 못했더라도 그것을 만회할 가능성은 언제나 열려 있다. 하나의 판단 안에서 여러 번의 시행착오를 거치는 것을 더 이상 두려워하지 말자. 올바른 판단은 나만의 선택에서 나온다.

나는 혼자 그리고 함께
살아갈 수 있는가?

수많은 사람 앞에서 강연하고 유튜브도 찍는 지금 내 모습을 보면 상상하기 어렵겠지만, 중학교 때까지만 해도 나는 수줍음이 굉장히 많았다. 지금처럼 남 앞에서 이야기를 하는 건 상상조차 할 수 없었다. 당시에는 학급 반장을 선생님이 지정하는 경우가 많았는데, 초등학교 시절 몇 번이나 선생님이 나를 반장으로 임명했지만 아이들 앞에 나서는 게 두려웠던 나는 선생님에게 사정사정해서 반장직을 고사할 정도였다.

고등학교 1학년 때 또다시 담임 선생님이 나를 반장으로 지목했다. 거의 반강제라 거부할 수가 없었다. 반장이 된 나는 수업 시작 전에 선생님께 인사하기 위해 '차렷, 경례'를 구령해야 했다. 생전 사람들 앞에서 큰소리를 내보지 않았는데 모두가 주목하는 가운데 혼자 말하려니 그 스트레스가 어마어마했다. 쭈뼛쭈뼛 일어나서 구령을 해보았지만 마치 실어증에 걸린 것처럼 목소리가 나오지 않았다.

그때 같은 반에 성격이 아주 밝고 활발한 친구가 있었다. 그 친구가 나에게 다가와 말했다.

"내가 널 훈련시켜 줄게!"

그 친구는 나를 데리고 학교 주변 골목을 다니기 시작했다. 골목을 돌다가 어른을 만나면 큰소리로 "안녕하세요!"라고 인사하는 연습을 하도록 했다. 처음에는 얼굴도 빨개지고 목소리도 작았지만 친구가 옆에 있으니 점차 용기가 생겼다. 그렇게 일주일이 지나자 골목을 누비며 인사를 하는 게 익숙해졌다. 다시 일주일이 지났을 무렵에는 혼자 지나갈 때도 인사를 할 수 있게 되었다.

또 친구는 반에서 구령할 때의 요령도 알려주었다.

"갑자기 '차렷' 하려면 목소리가 잘 안 나오지? 그럼 앞에 '전체'를 붙여봐. '전체~ 차렷!'이라고 하면 좀 나을 거야."

그 말대로 했더니 정말 구령이 수월해졌다. 친구에게 얼마나 고마웠는지는 굳이 설명하지 않아도 알 것이다. 그런데 놀라운 건, 내가 구령을 해내자 그 친구가 나보다 더 기뻐하는 것처럼 보였다는 사실이다. 참 이상했다. 자기에게 무슨 이득이 되는 것도 아닌데 뭐가 저리 기쁠까. 그때 이런 생각이 들었다.

'어쩌면 남을 돕는 일은 성인군자나 하는 엄숙한 고행이 아니라 즐거운 행위일 수 있겠다.'

그때부터 나는 사람들과 선한 영향을 주고받으며 산다는 감각을 의식하기 시작했다. 친구가 나를 도왔듯 나도 남을 돕고 싶었다. 그래서 가장 가깝게는 공부를 어려워하는 친구들을 삼삼오오 모아놓고 공부를 가르쳐주기 시작했다. 참 즐거웠다. 몇몇 친구는 혼자 공부할 시간이 줄어들 텐데 괜찮겠냐고 물었지만 오히려 내 성적은 더 올랐다. 놀라운 경험이었다. 다른 사람들과 교감하고 돕는 일이 즐거울 뿐 아니라 나의 성장도 돕는다는 걸 알게 되었다.

| 홀로 서되 혼자 있지 마라 |

이때 또 하나 깨달은 사실이 있다. 사람들 앞에 나서는 두려움을 극복하면서부터 남을 도울 에너지가 샘솟았다는 사실이다. 그전에는 이리저리 눈치를 보고 주눅이 들어서 주변을 살필 여유가 없었으니 당연한 일일지도 모른다. 결국 내가 당당하게 설 수 있어야 더불어 잘 살 수도 있는 것이다.

사람은 혼자 살 수 없고 반대로 홀로 설 줄 모르는 사람은 함께 살 수 없다. 스스로 휘둘리지 않고 바로 서야 다른 사람들과 긍정적인 영향을 주고받으며 살아갈 수 있다. 홀로 삶과 함께 삶은 동전의 양면 같은 것이다.

원시인 여럿이 멧돼지를 잡으러 갔다고 해보자. 서로를 의지만 하면 멧돼지를 잡을 수 있을까? 못 잡을 가능성이 크다. 개개인이 체력과 실력이 있어야 하고 자신이 무리 안에서 수행하는 역할을 알아야 한다. 미리 약속을 하지 않아도 서로의 움직임을 감각하며 나의 역할을 정확하게 수행하는 것이다. 각자가 한 사람의 몫을 할 때 그 합력으로 비로소 멧돼지를 잡을 수 있다.

함께 살아간다는 것은 개인이 주체성을 가지고 행동할 수 있음이 전제됐을 때 비로소 성립된다. 주체성이 확립됐을 때 너와 나의 동등한 연결이 생긴다. 자신의 선택이나 삶이 존재하지 않는 사람들은 진정한 공동체로 묶일 수 없다.

인간은 누구나 혼자다. 혼자는 두려운 법이다. 그러나 관계만으로 두려움을 떨쳐내려고 하면 삶의 주인이 내가 아니라 관계가 되어버린다. 관계는 홀로서기를 향한 과정일 뿐이다. 우리는 태어나서 성인으로 성장할 때까지 부모의 도움을 받는다. 이를 '양육'이라고 하는데, 양육이 바로 관계의 출발이다. 양육은 독립을 위한 것이지 그 자체가 목적이 될 수 없다. 관계는 성장하면서 점차 확장한다. 청소년기에는 또래 관계 속에서 홀로서기를 연습하고 성인이 되면 사회 관계 속에서 완전한 독립체가 되는 것이 순리다.

그런데 한국 사회에서는 관계의 비중이 너무 크다. 그래서 홀로서기가 잘되지 않을뿐더러 관계를 통해 문제를 해결하려고 한다. 그러다 보니 남에게 기대하고 실망하는 일이 많아진다. 두렵고 우울해진다.

외로운가? 매사에 자신이 없는가? 자꾸만 우울감이 덮쳐오는가? 그렇다면 홀로 서지 못했다는 뜻이다. 그럼 어떻게 해야 홀로 설 수 있을까?

| 공동체 감각을 경험하면 바뀌는 것 |

꼭 직접적인 도움을 주지 않더라도 우리는 다른 사람의 영향을 받는다. 곁에 있는 사람의 기분이 안 좋으면 나도 기분이 처진다. 이것을 인식하게 되면서 나의 에너지와 기분도 다른 사람에게 영향을 미친다는 걸 의식하기 시작한다. 나는 혼자

존재하는 게 아니라는 말을 몸으로 느끼기 시작하는 것이다.

홀로 선다는 건 혼자 있는 게 아니라 오히려 함께하는 것이다. "우리 함께 잘 살아가 봅시다"라고 말하는 건 "각자 잘 살아갑시다"라고 하는 것과 결국 동일하다. 내가 주관 없이 흐릿하게 살면 주변에 있는 사람들도 부정적인 영향을 받는다.

이것을 '공동체 감각'이라고 한다. 공동체 감각은 오스트리아의 정신의학자인 알프레트 아들러의 심리학에서 다루는 핵심 개념 중 하나로, 사람들이 공동체의 일원으로서 서로 연결되어 있다는 감각이나 감정을 뜻한다. 공동체 감각은 개인이 자신만의 이익을 추구하기보다는 사회와 타인의 복지를 고려하는 능력을 포함한다.

아들러에 따르면 공동체 감각은 건강한 인격을 발달시키는데 필수적인 요소이며 타인에 대한 연민, 협력, 공감 능력과 깊은 연관이 있다.

우리는 살아가면서 무수한 순간에 공동체 감각을 느낀다. 예를 들어 나의 경우는 강의를 할 때도 공동체 감각을 느끼는데, 혼자 벽을 보고 얘기할 때와 사람들 앞에서 얘기할 때는 감각이 완전히 다르다. 청중을 향해 내가 일방적으로 얘기하는 시간일지라도 사람들이 눈을 반짝이며 이야기를 들어주고 질문도 해준다. 내 얘기가 재미없으면 지루한 표정도 짓는다.

이렇게 강연 하나에서도 서로 기운을 교환하며 무언가를 만들어내고 있다는 걸 느낀다. 그 공동체 감각에 의해, 함께함에 의해서 다른 사람들이 얼마나 소중한 존재인지를 알게 된다.

공동체 감각을 인식하고 살면 자신의 주체성이 명확해야 한다는 사실을 더 깊게 깨닫는다. 내가 혼자 어떤 감정을 느끼거나 행동을 하더라도 그 기운이나 행위가 직간접적으로 다른 사람들에게 영향을 미친다는 걸 알기 때문이다. 그 사실만으로도 스스로를 다잡을 수 있고, 성과에 대한 기쁨도 더 커지게 된다.

『미움받을 용기』의 저자 기시미 이치로는 공동체 감각을 통해 인간이 더 행복하고 만족스러운 삶을 영위할 수 있다고 주장한다. 개인이 고립된 존재에서 벗어나 타인과의 관계 속에서 자신을 찾고, 보다 넓은 사회적 맥락에서 자신의 역할을 이해함으로써 개인적 성장과 사회적 조화를 달성할 수 있다는 것이다.

실제로 공동체 감각을 가진 사람은 성공할 가능성이 높다. 기쁨의 순간이 많아져서 '행복의 기본 지수'가 높기 때문이다. 긍정심리학의 창시자인 마틴 셀리그먼(Martin Seligman)은 다양한 연구와 저서를 통해 행복과 긍정성이 성공을 이끄는 하나의 요소임을 보여줬다. 긍정적인 감정은 창의성을 촉진하고 문제 해결 능력을 강화해서 일상생활과 직장에서 성과를 향상시킨다는 것이다.

결국 공동체 감각이 삶과 결합할수록 우리는 훨씬 많은 기쁨을 누릴 수 있다. '어떻게 하면 따로 또 같이 잘 살 수 있을까?', '나 자신으로서 타인과 어우러져 살기 위한 생각 방식과 태도는 어떤 것일까?' 고민하고 깨칠수록 삶은 만족스럽고 풍요로워진다.

마인드 박스 기록법

마인드 박스를 만들고 활용하는 방법의 핵심은 '기록'이다. 책을 읽고 잠깐 생각해 보는 데서 끝나면 기억은 쉽게 휘발되어 버린다. 읽은 내용과 나의 경험, 생각을 잘 조합하고 기록할 수 있어야 비로소 자신만의 마인드 박스가 만들어진다. 2~3부에서 16개의 마인드 박스를 만나보기에 앞서 마인드 박스를 기록하는 네 단계를 소개한다. 각 마인드 박스가 끝나는 지점에는 자신의 생각을 적을 수 있는 별도의 페이지를 마련해 두었다. 한 단계씩 따라하며 16가지 가치에 대한 나만의 마인드 박스를 기록해 보자.

1단계 책을 읽고 머릿속에 마인드 박스 만들기

책에서 설명하는 내용을 자신의 삶에 대입하며 읽는다.
예시: 첫 번째 마인드 박스 '욕망'을 읽는다.(95~105쪽)

2단계 기억에 남는 키워드 뽑기

읽고 난 후에 기억나는 하위 주제 3~4개를 간단한 키워드로 적는다.
예시: ✓ 본원적 욕망
　　　✓ 순수 욕망 / 타인의 욕망
　　　✓ 존재적 욕망 / 소유적 욕망

3단계 나의 경험과 생각 정리하기

각 주제에 대한 나의 경험이나 평소에 가지고 있었던 생각, 새롭게 알게 된 지식, 더 알고 싶은 내용 등을 정리한다.

예시: 순수 욕망 / 타인의 욕망

"내가 역사를 공부하고 싶었던 건 순수 욕망이었지만, 교수가 되고자 했던 건 어머니의 욕망이었다."

4단계 나만의 인생관을 만들어 기록하기

모든 키워드와 생각을 하나로 정리해 '어떻게 살아갈 것인가'에 대한 나만의 기준, 즉 인생관을 정립해 기록한다.

예시: 욕망에 대한 나의 인생관은 "순수한 자신의 본원적 욕망을 찾고 존재적 욕망을 중심으로 욕망을 자유롭게 하는 삶을 살아가기"이다.

어떤 키워드를 뽑느냐에 대한 정답은 없다. 만약 저자인 내가 뽑은 키워드와 당신이 뽑은 키워드가 일치한다면 그것에 대해 생각을 정리하면 된다. 또한 완벽한 문장으로 작성하지 않아도 된다. 핵심만 간단하게 기록하라.

가장 중요하고 또 강조하고 싶은 것은 네 번째 단계다. 우리가 마인드 박스를 만들고 생각을 정리하는 이유는 '인생의 중심을 잡고 살기' 위해서다. 마인드 박스를 기록하는 과정을 통해 발견한 나만의 인생관은 삶을 더욱 유연하고 풍성하게 만들어줄 것이다.

2부

나 자신을 알면
생각의 길이
열린다

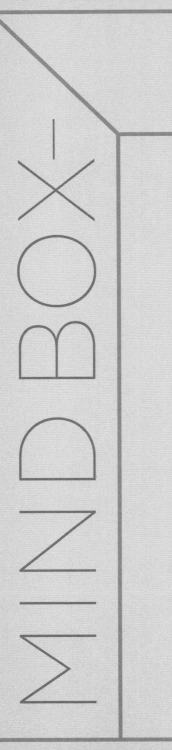

MIND BOX

"자신을 아는 것이
모든 지혜의 시작이다."

- 아리스토텔레스

3장

진짜 나를
발견하기
위하여

나의 진짜 모습 체크리스트

내가 알던 나는 어떤 사람일까? 평소에 자신이 무엇을 좋아하고, 어떤 태도와 습관을 가지고 일상을 살아가는지 생각해 본 적이 있는가? 다음 질문들에 답해 보자.

마인드 박스	질문	O	X
욕망	지금의 생활이나 직업이 정말 내가 원하고 좋아하는 것인가?		
	나의 욕망보다 부모님이나 배우자, 친구 혹은 사회가 원하는 욕망을 우선한 적이 있는가?		
	새로운 기회가 찾아온다면 지금의 생활을 내려놓고 도전할 용기가 있는가?		
경쟁	공부나 일, 운동 등 다양한 방면에서 타인과의 경쟁이 개인의 성장에 도움이 된다고 생각하는가?		
	SNS나 미디어를 통해 타인의 화려한 삶을 접할 때 자신의 현재 모습이 초라하게 느껴지는가?		
	경쟁 사회에서 모두에게 똑같은 기회를 주는 것이 공정하고 평등하다고 생각하는가?		
소비	물건을 구매할 때 나만의 소비 기준이 적어도 세 가지는 있는가?		
	소비보다 저축이 삶에 더 도움이 된다고 생각하는가?		
	SNS나 유튜브의 알고리즘이 나의 취향을 파악해 특정 제품을 추천해 주는 시스템이 편리하다고 생각하는가?		
잠재성	우연한 기회에 자신의 재능을 발견한 경험이 있는가?		
	자신에게 숨겨진 능력이 있다고 생각하는가?		
	실패가 두려워서 포기했던 일이 있는가?		
꿈과 돈	돈도 벌고 꿈도 이루는 건 소수만이 할 수 있는 일일까?		
	가난하게 생활하더라도 꿈을 따르는 것이 더 고귀한 삶일까?		
	지금 당신은 행복을 위해서 살고 있는가?		

나의 진짜 욕망은 무엇인가?

여러분의 꿈은 무엇인가? 어떤 재능을 타고나느냐에 따라 꿈이 결정되기도 하지만, 나의 욕망과 후천적인 노력이 결합해 스스로도 몰랐던 재능과 꿈이 발견되기도 한다. 그래서 욕망을 잘 살펴보면 꿈의 방향이 나온다. 내 안의 욕망을 꺼내 보면 자연스레 목표가 생기고 거기에서 꿈이 발생하기 때문이다. 결국 꿈을 실현해 가는 것은 욕망을 자유롭게 하는 길이기도 하다.

걸음마를 시작하는 아기는 넘어지면서도 절대 포기하지 않는다. 될 때까지 일어서기를 무한 반복한다. 심지어 방긋방긋 웃으면서! 어떻게 그럴 수 있을까? 바로 남을 신경 쓰지 않고 자기의 본원적 욕망에만 집중하기 때문에 가능하다. 그리고 아주 조금씩일지라도 변화를 느끼고 즐거워하기 때문에 할 수 있는 일이다.

우리 모두가 아기 때는 그랬다. 그런데 지금은 무엇인가를 시도하다가도 쉽게 포기한다. 의지가 약해서가 아니라 그것이 진짜 욕망에서 시작된 일이 아니기 때문이다. 당신은 자신의 욕망이 무엇인지 아는가? 타인의 욕망을 욕망하고 있진 않은가? 사회적 기대나 외부에서 규정하는 성공의 압박으로 인해 자신의 진정한 열정과 욕구를 무시하고 살아가지 않는가?

지금 내가 하는 일이 본원적으로 욕구하는 것인지 확인하고, 그것을 실천하는 과정에서 작은 기쁨을 느끼는지 생각해 보자. 자신의 진짜 욕망을 알아가는 과정은 자기 자신을 더 깊이 이해하고, 더 만족스러운 삶을 영위하는 첫걸음이다.

| 욕망을 자유롭게 하라 |

'욕망'이라고 하면 부정적으로 생각하기 쉽지만 그것은 욕망을 오해하는 것이다. 먼저 욕망의 실체에 대해 알아보자. 나의 욕망은 어디에서 왔을까?

우선 우리가 태어날 때부터 가지는 본성적 욕망이 있다. 먹는 것, 자는 것 등 안전하게 생존하기 위한 것들이다. 그러다 사회화되는 과정에서 새로운 욕망이 생기고 페르소나로서의 욕망이 발생한다.

프랑스의 철학자이자 정신분석학자 자크 라캉은 이에 대해 다음과 같이 설명했다. 갓난아이는 처음에는 천진하게 엄마의 젖을 먹는다. 엄마와 아이는 하나가 되어 있다. 이 시기에는 문제가 발생하지 않는다. 그러다 시간이 지나면 젖을 먹기 위해서 아이가 엄마에게 잘 보이려고 행동하기 시작한다.

이런 행동이 확장되어 초등학교에 다닐 때는 선생님이나 친구들에게 잘 보이려고 하고 성인이 되어서는 모든 사람, 즉 사회에 잘 보이기 위해 애를 쓴다. 다른 사람들이 원하는 것을 나도 원하기도 하고, 자신의 경제 수준에 맞지 않는 비싼 물건을 구입하기도 한다.

우리는 습관처럼 타인의 욕망을 욕망한다. 부모의 욕망에 따라 공부를 하고 주변 사람들의 욕망에 따라 행동하기도 한다. 또 사회와 문화의 욕망을 스스로 욕망하면서 살아가게 된다.

이것이 라캉의 말하는 '됨의 윤리'다. 예를 들어 나는 '아빠 됨', '교수 됨' 또는 '대표 됨'에 속박된다. '아버지라면 이래야 해', '교수가 뭐 저래', '대표라면 마땅히 이래야 하지' 같은 관념에 얽매인다. 여러분도 각자의 사회적 위치에 따라서 무엇

됨에 속박돼 있을 것이다.

그렇기 때문에 나의 진짜 욕망을 찾으려면 나를 둘러싼 구조를 알아야 한다. 세상에는 나를 구속하는 게 너무 많다. 대표적으로 한국에서는 학력이 나를 구속한다. 가족도 나를 구속한다. 좁게는 가족에서 조금 넓게는 친구, 더 넓게는 사회적 관계도 나를 구속하는 요소로 작동할 수 있다.

라캉은 '인간은 타인의 욕망을 욕망한다'라고 말했다. 당신이 지금 바라는 것을 생각해 보라. 사실은 어머니의 욕망이거나 배우자의 욕망, 상사의 욕망, 혹은 얼굴도 모르는 다른 사람들의 욕망은 아닌지 돌아보라.

구속에서 벗어나는 것, 즉 '무엇 됨'의 윤리에서 해방되는 것이 인간이 자기다운 삶을 살아갈 수 있는 길이다. 그렇다면 타인의 욕망이 아니라 진정 나의 욕망을 욕망하는 방법은 무엇일까?

| 존재적 욕망을 찾아라 |

정신분석학자이자 철학자인 에리히 프롬은 『소유냐 존재냐』에서 사람들이 남들보다 좋은 것을 갖고자 하는 물질적 소유

욕과 그것을 과시하려는 경쟁을 통해 자신의 가치를 측정하는 소유적 삶에 빠져 있음을 지적한다. 그렇기에 이와 반대로 존재적 삶을 살아갈 것을 제안한다. 존재적 삶이란 내면 성장, 타인과의 연결, 사랑과 창의적 표현 같은 존재의 본질적 가치를 중시하는 삶의 방식이다.

우리는 태어나서 언어를 배우고 학교에 가고 사회로 나와 직업을 찾는다. 이런 사회화 과정에서 다양한 페르소나의 욕망을 덧입게 된다. 그것들을 내 진짜 욕망과 구분하지 못해 불행에 빠진다. 진짜 욕망은 내팽개치거나 평가 절하한 채 페르소나적 욕망만 좇는 것이다. 사실은 전혀 중요하지 않은 곳에 신경 쓰고, 내 행복과 관계없는 곳에 힘을 주고, 쓸데없는 데 욕심을 낸다. 가짜 욕망은 아무리 채워도 채워지지 않을뿐더러 결국 삶에 공허함만을 남길 뿐이다.

그럼 무엇이 진짜 욕망인지 어떻게 판단할 수 있을까? 나의 욕망이 존재적인지 소유적인지를 확인해 보면 된다.

소유적 욕망은 물리적 또는 물질적인 것들을 소유하고자 하는 욕구다. 대체로 외부적인 것들에 초점을 맞추며, 이를 통해 개인의 지위, 안정, 행복을 추구한다. 예를 들면 넓은 집이나 고급 자동차를 소유함으로써 사회적 지위를 상승시키고자 하는 욕구, 최신 전자기기를 구매해 트렌드에 따라가고자 하는 욕구가 있다.

이와 달리 존재적 욕망은 자신의 존재와 관련된, 보다 정신적인 측면의 욕구를 말한다. 이는 개인의 내면 성장, 자아실현, 그리고 삶의 의미와 목적을 찾고자 하는 욕구를 포함한다. 예를 들면 그림 그리기, 연주하기, 글쓰기 등 창조적 활동을 통해 자신의 감정과 생각을 표현하고자 하는 욕구, 친밀하고 의미 있는 인간관계를 형성하여 자신과 타인을 보다 깊이 이해하고자 하는 욕구 등이 있다.

소유적 욕망이라고 해서 반드시 나쁜 것은 아니다. 그러나

현재 나의 욕망	
소유적 욕망	존재적 욕망

자신의 진짜 욕망 파악하기
현재 내가 가지고 있는 욕망을 모두 적어보고 그것이 소유적인지 존재적인지 나눠보면 진짜 욕망을 찾을 수 있다.

소유적 욕망은 사회에 영향을 받아 다른 사람들이 가치를 두는 것을 욕망하는 경향을 띤다는 점에서 경계해야 한다. 자신을 둘러싼 주변인들과 소유물, 사회적 위치, 생활방식을 비교하면서 소유적 욕망은 점점 강화된다.

소유물에 자신의 가치를 의존하는 사람들은 남들이 가진 것을 자신도 동일하게 소유하려는 욕망을 더 강하게 느낄 수 있다. 개인의 필요나 행복보다는 외부적인 요인에 의해 욕망이 좌우되는 것이다. 이를 인식하고 자신의 진정한 필요와 욕구에 집중하는 것이 보다 의미 있는 삶을 살 수 있는 출발점이다.

서울대 인류학과 이현정 교수는 『우리는 왜 타인의 욕망을 욕망하는가』에서 진정 나의 욕망을 욕망하는 삶의 방식을 제안한다.

바쁘고 복잡한 세상을 살아가다 보니 어느덧 우리는 내가 하려는 일이 진정 내가 하려는 것인지 아니면 누군가 하기를 원해서 끌려가며 하는 것인지 헷갈리는 상황일 때가 많다. 물론 삶의 모든 국면에서 나 자신의 욕망만으로 살아가기는 어려운 일이며 그것이 반드시 좋다고 할 수 없다. 단적으로 사랑의 마음은 상대의 욕망을 채워줌으로써 나의 기쁨을 발생시키기도 한다. 그렇지만 만일 지금까지의 내 삶이 의도치 않게 타인의 욕망을 위해

질질 끌려가는 것이었다면 더 늦지 않도록 멈추고 되돌아볼 필요가 있다. 그러한 삶은 단지 내 삶을 종속적이고 불행하게 만들 뿐 아니라 사회적으로도 불필요한 경쟁과 질투, 경멸과 혐오를 낳는 원인이 될 수 있기 때문이다.

이현정, 『우리는 왜 타인의 욕망을 욕망하는가』, 21세기북스, 2022, 212~213쪽.

| 욕망을 찾을 수 있는 나이 |

"저는 이제 중년인데 더 이상 욕망을 찾아서 뭐합니까?"

어느 중년 독자가 나에게 토로해 왔다. 중년쯤 되니 인생이 거의 정해졌고 앞날이 빤히 보인다는 것이다. 그는 더 이상 꿈을 꿀 수 없다고 생각하고 있었다. 그러나 단언컨대 진짜 욕망을 찾고 실현하기에 늦은 나이란 없다. 나는 오히려 중년이야말로 진짜 꿈을 꿀 수 있는 나이라고 생각한다.

한국에서 인생의 변곡점은 보통 입시와 취업, 그리고 결혼으로 찾아온다. 그런데 우리는 이 세 가지 선택을 아주 어린 나이에 하게 된다. 학습 능력이 최고조에 이르는 때는 사람마다 다른데도 똑같이 열아홉 살에 입시를 하고, 사회에 관해서 아무것도 모를 때 진로를 선택해야 한다.

아직 미숙한 나이에 결혼을 선택하는 경우도 많다. 나와 아내는 농담 섞어 이런 얘기를 종종 한다. 지금 결혼한다면 다른 사람을 선택하거나 결혼을 하지 않았을 거라고.

이렇듯 자신만의 판단 기준을 제대로 세우지 못한 서툰 때에 인생의 큰 결정들을 내리기 때문에 대부분 사회가 요구하는 것과 주위의 바람을 조합해서 선택을 내리게 된다. 엄밀히 말해 사회적 선택을 하고 그것을 평생 유지하도록 강요받는 것이다.

그러다 40~50대가 되면 전에는 보이지 않던 것들이 서서히 보이기 시작한다. '이 직업은 나랑 안 맞는 거였어'라는 생각이 들기도 하고, '이 사람은 정말 나랑 안 맞아'라는 생각이 들기도 한다. 자녀의 양육과 관련해서도 '다시 돌아간다면 이렇게 키우지 않을 텐데'라는 생각을 하게 된다.

평균적인 삶을 볼 때 40대까지는 역량을 쌓기만 하는 시기다. 그렇게 역량을 쌓으면 내가 원하는 방향으로 인생을 틀 힘도 생긴다. 나도 마흔이 넘어서야 내 인생의 방향을 틀었다. 대학교수가 된 다음에야 내가 잘하는 게 무엇인지, 내가 하고 싶은 게 무엇인지가 보였다. 또한 예순의 나이에 이르니 다시 새로운 꿈이 생겨 유튜브와 대중 교육 사업을 시작하는 계기가 되기도 했다.

이처럼 삶에는 변화의 계기가 몇 번이고 온다. 그때 다시 삶을 시작해 새로운 나를 찾는 것은 불가능한 일도, 이상한 일도 아니다. 직업만 해도 그렇다. 우리는 누구나 미숙할 때 직업을 택한다. 충분한 역량과 통찰력을 갖춘 다음 첫 직업을 택하는 사람이 어디 있겠는가. 그렇기 때문에 중년은 또 다른 터닝 포인트가 될 수 있다.

물론 20대에 자신의 꿈을 찾아나가는 사람도 있다. 아주 운이 좋은 사람들이다. 이를테면 '너는 어떻게 살아야 한다'고 말하지 않는 부모를 둔 덕에 자유롭게 자신의 꿈을 탐험하는 것이다. 그러나 이는 조금 특수한 경우이고 대부분의 사람에게 그런 기회는 쉬이 주어지지 않는다.

그러니 나이가 많아서 늦었다고 생각하지 말자. 늦었다고 생각하는 그 시점이 인생을 제대로 시작하는 최적기다. 오히려 나이가 들수록 변화와 성장을 도모하기 쉬울 수 있다. 그동안의 경험과 시행착오를 통해 자신을 더 잘 알게 되고, 더 올바른 판단을 내릴 수 있으니까 말이다.

더 이상 인생의 모범생이 되려고 하지 말자. 그동안 충분히 성실하게 잘 살아왔다. 자신의 진짜 모습을 알려면 용기 있는 일탈을 반복해야 한다. 내 마음속 욕망은 현재 내 삶의 모습에서 약간씩의 일탈을 요구하는 경우가 많다.

예를 들면 집안 행사에 참석하는 대신 혼자만의 여행을 떠난다든가, 공부만 했던 사람이 육체노동을 해보는 것도 좋다. 조금이라도 관심이 가는 일을 시도해 보고 시행착오를 통해서 자기가 정말 좋아하는 것이 무엇인지를 찾아내야 한다.

덴마크에는 애프터스콜레(Afterskole)라는 1년 과정의 단기 학교가 있다. 14~18세, 우리로 치면 중3에서 고2 정도의 학생들이 고등학교에 가기 전에 이 학교에 가서 다양한 활동을 하면서 진로를 찾는다. 덴마크 청소년 세 명 중 한 명이 애프터스콜레를 택한다. 대부분 기숙학교로 운영되기 때문에 아이들이 가정에서도 벗어나 온전히 자기 자신을 찾고 삶을 성찰해 볼 수 있다.

우리에게도, 아이와 어른 할 것 없이 애프터스콜레가 필요하다. 내 욕망과 꿈을 찾아보는 공부를 시작하자. 아주 즐거운 탐험이 될 것이다.

욕망

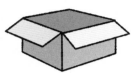

저자의 키워드	내가 발견한 키워드
✓ 본원적 욕망 ✓ 순수 욕망 / 타인의 욕망 ✓ 존재적 욕망 / 소유적 욕망	

키워드에 대한 나의 경험이나 생각

저자의 인생관
순수한 자신의 본원적 욕망을 찾고 존재적 욕망을 중심으로 욕망을 자유롭게 하는 삶을 살아가자.

나만의 인생관

경쟁에서 자유로울 수 있을까?

고등학교 2학년 무렵, 나는 역사학을 전공하기로 마음먹었다. 그런데 아이러니하게도 다른 과목들에 비해 한국사를 잘 못했다. 어느 날 같은 반 친구가 나에게 노트 한 권을 던져주었다.

"나는 다 봤으니까 너 이거 보고 공부해도 돼."

노트에는 한국사 시험에 나올 만한 내용이 정리돼 있을 뿐 아니라 공부를 어떻게 해야 하는지 노하우도 메모되어 있었다. 그 친구는 부잣집 아들이었는데 고액 과외 선생님이 정리해 준 교재를 나에게 준 것이었다. 덕분에 나는 공부하는 요령을 깨쳤고 다음 시험에서 성적도 크게 올랐다.

수십 년이 흐른 지금도 나는 그 친구의 행동을 잊을 수가 없다. 공부도 경쟁이 된 요즘 나는 그때의 일을 종종 생각한다. 지금 돌아보면 학생이라면 누구나 외롭고 힘든 시기인 수험생 때 서로를 이기려고 얼굴 붉히지 않았기 때문에 평생의 우정이라는 더 큰 가치를 얻을 수 있었던 것은 아닐까.

우리는 경쟁 사회에 살고 있다. 그리고 경쟁은 우리에게 성공의 필수 요소로 여겨진다. 타인과의 경쟁을 통해 자신의 가치를 측정하는 것이다. 미디어는 성공한 사람들의 삶을 계속 보여주고 끊임없이 우리를 다른 사람과 비교하게 만든다.

이 경쟁의 쳇바퀴 속에서 우리는 계속해서 허기짐을 느낀다. 내가 이만큼 가지면 그것보다 더 가진 사람들이 항상 눈에 보이기 때문이다. 그래서 육체적으로도 정신적으로도 허기진 채로 살아가는 사람이 많다.

| 언제부터 경쟁이 당연한 것이 되었나? |

우리 사회에서 경쟁은 자연스럽고, 심지어 당연한 것으로 받아들여진다. 그러나 경쟁이 과연 인간의 본성인가 물으면 그렇지 않다. 원시시대를 생각해 보면 쉽게 이해할 수 있다.

원시 공동체 사회에서는 여러 명의 남녀가 공동의 배우자가 될 수 있는 군혼제였기 때문에 경쟁이 그다지 중요하지 않았다. 먹을 것에 대한 경쟁도 없었다. 혼자 사냥하는 것보다 협동해서 사냥하고 나눠 먹는 편이 가장 배부르게 먹는 방법임을 알고 있었기 때문이다.

소유의 개념이 본격적으로 퍼져나간 것은 잉여 생산이 생긴 후부터다. 애덤 스미스와 같은 초기 경제학자들은 인간이 경제적 욕망의 존재이고, 끊임없이 경쟁하는 것이 경제 발전의 원동력이라고 주장했다. 신자유주의 경제학자들도 기본적으로 같은 논리를 갖고 있는데, 즉 경쟁이 근대 시민사회의 기본이며 가치라는 게 일반적인 인식이다.

그러다 보니 우리는 자본주의의 구조적 불평등을 자연스럽게 받아들이고, 개인의 노력과 성취만이 사회적 지위를 결정한다고 믿는다. 끊임없이 가상의 경쟁 상대를 만들어 앞을 향해 달려간다.

프랑스의 사회학자 피에르 부르디외는 우리에게 내면화된 습관과 취향, 생각 방식 등을 '아비투스(habitus)'라고 불렀다. 아비투스는 그 사람이 경험하는 사회적 조건과 맥락에 깊이 뿌리내리고 있으며 개인의 행동과 판단에 무의식적으로 영향을 미친다. 아비투스는 사회적 계층이나 집단에 따라 다르게 형성되는데, 일반적으로 자기보다 높은 계층의 아비투스를 동경하는 경향이 있다. 그들의 생활방식을 따르기 위해 명품을 걸치고 외제차를 타며 그들의 이익을 대변하는 정당에 투표한다. 경쟁이 점점 가속화되고 어린 나이부터 더 높은 곳으로 오르기 위해 경쟁에 나선다.

이런 경쟁 의식에서 우리가 자유로워질 수 있을까? 내 삶에 만족하고 싶어도 세상이 우리를 가만히 놔두질 않는다. 자꾸 경쟁심을 부추기니 말이다. 대표적인 예로 SNS를 켜면 과시와 자랑이 넘쳐난다.

"SNS는 원래 자랑하라고 있는 것 아닌가요?"

이것은 잘못된 생각이다. 물론 SNS를 하지 말라는 것도 아니다. 다만 SNS의 본래 존재 의미는 나의 경험을 나누는 '이타성'에 있다는 것을 알아야 한다. 똑같은 사진을 올려도 그 의도는 전혀 다를 수 있다. "이 식당 맛있어요"라고 소개하거나 "내가 이렇게 자유로운 삶을 살듯이 당신들도 자유롭게 살길 바랍니다"라는 메시지를 전하는 것은 이타성의 발로다.

반면 자랑이 목적이라면 다른 사람들이 자신을 부러워해야만 만족감을 느낄 수 있다. 그러나 이런 만족감이 얼마나 오래 지속될 수 있을까? 자기 삶과 동떨어진 것을 내보이는 행동은 아무런 의미도 없거니와 오래가지도 못한다. 자랑이 아니라

'사랑'의 SNS를 할 때 우리 삶이 풍요로워질 수 있는 것이다.

| 성장에 경쟁은 필수가 아니다 |

성장을 위해서는 경쟁이 필요한 것 아닐까? 경쟁을 해야 더 열심히 노력하지 않을까? 그렇지 않다. 개인의 성장은 시장에서 특정 기업의 독점을 막고 경쟁을 장려하는 것과는 다른 문제다. 우리는 타인과 경쟁하지 않아도 충분히 성장할 수 있고 잘 살 수 있으며 게다가 더 행복해질 수 있다.

회사에서 옆에 동료가 일을 너무 잘해서 나와 비교되는 것 같다면 어떻게 할 것인가? 자신의 위치를 받아들이고 체념하는 사람도 있고 이직을 하는 사람도 있을 것이다. 그러나 많은 사람이 이렇게 다짐할 것이다.

"저 사람보다 내가 더 잘할 수 있게 노력해야지."

이것을 진취적인 태도라고 착각하지 말자. 이때는 다른 관점으로 접근해야 한다. 동료가 일을 잘한다면 어떻게 일하는지 관찰하거나, 물어서 배워라. 그리고 그 동료가 아니라 '일을 잘하는 것' 그 자체를 자신의 미래로 설정하라. 그러면 이제부터는 '현재의 나'와 '미래의 나'가 경쟁하는 것이다. 동료와 나와의 경쟁이 아니다. 세계 최고의 운동선수들에게 라이벌은 '자기 자신'뿐이다. 지금의 자신을 뛰어넘겠다는 마음으로 노력하고, 그렇게 했기 때문에 최고의 성과를 얻은 것이다.

젊어서 열정이 넘칠 때 경쟁하며 열심히 살면 나이가 들어서 행복해지지 않겠냐고 물을 수도 있다. 내 주변에도 이처럼 평생을 경쟁 속에 산 친구가 있다. 젊은 날부터 치열하게 살아서 한 기업의 대표까지 올라갔고 큰 부도 쌓았다. 그러나 그 친구는 한 번도 행복하다고 말해본 적이 없다. 자신의 위에 항상 더 높은 곳이 있다는 것을 누구보다 잘 알았기 때문이다. 그래서 아무리 위로 올라가도 영원히 허기가 채워지지 않았다. 언제나 위만 생각하니 늘 패배의 삶을 살 수밖에 없었다. 그러면서 자기 삶의 방식을 자식들에게도 고스란히 물려주었다.

경쟁보다 나다움에 집중해 보자. 경쟁에서 도태된 채 체념하고 살아가라는 말이 아니다. 자기만의 삶과 나눔을 택한 사람이야말로 경쟁하는 사람보다 오히려 더 성장할 수 있다.

| 자유경쟁은 공정한가? |

우리가 살아가는 사회는 능력주의를 바탕으로 하고 있다. 능

력주의란 성과가 사회적 지위를 결정하는 것, 그러니까 능력이 좋은 사람이 더 높은 위치로 올라가는 것을 말한다. 사람들은 이것이 공정하다고 생각한다.

그러나 미국 정치철학자인 마이클 샌델은 『정의란 무엇인가』에서 이것이 바로 능력주의에 기반한 공정주의의 함정이라고 지적했다. 그는 능력주의가 개인의 성공을 그들의 능력과 노력에만 기인하는 것으로 간주한다고 비판했다. 배경이나 운, 그리고 우연적 요소를 충분히 고려하지 않는다는 것이다.

노력과 능력에 따라 보상을 받는 것이 일견 공정한 것처럼 보이지만 이렇게 한번 생각해 보자. 모두가 동일선상에서 노동을 할 수 있을까? 출발점에서의 평등이 보장되지 않는 한 본질적으로 '불공정'하다. 능력주의는 타고난 재능이나 사회·경제적 배경처럼 개인이 통제할 수 없는 요소에 크게 영향을 받는다는 점을 간과하고 있다.

"능력을 키워서 돈도 많이 벌고 계층 상승도 하는 게 뭐가 문제인가요?"

다시 한번 생각해 보자. 노동을 하는 과정에서 모두가 자신의 능력이 부족할까 봐 고민하고 능력을 키우려고 애쓴다. 그렇다면 누구나 능력을 키울 수 있을까?

미국의 정치철학자인 존 롤스(John Rawls)나 마이클 샌델은 기본적으로 능력 불평등론을 주장한다. 그들에 따르면 동일 노동의 동일 가치가 인정될 수 없다. 타고난 게 달라도 노력하면 성장할 수 있다지만 이는 한계가 있기 때문이다. 그래서 사회적 힘이 작동해 재분배를 할 필요가 있다.

예를 들어 두 사람이 있다. 한 명은 출발 지점부터 앞서 있지만 다른 한 명은 출발조차 어려운 처지다. 대표적으로 장애인이 있다. 그러면 후자를 먼저 진급시킴으로써 성장의 균형을 맞춰줄 수 있다. 이것이 적극적이고 진정한 의미의 공정사회다.

샌델은 사회적 성공이 개인의 책임으로 간주될 때 사회 구성원 간의 공감과 연대가 약해질 수 있다고 지적했다. 사회적 분열이 생기면 결국 우리 모두에게 손해로 돌아온다. 사회 구성원이 각자의 능력을 최대한 발휘할 수 있는 기회의 평등을 보장하지 않는 한 공정주의는 진정한 정의를 실현할 수 없다.

| 오늘의 나와 경쟁해서 더 나은 나를 만든다 |

우리는 경쟁을 긍정하는 세상에 살고 있다. 그러나 앞서 말했듯 경쟁을 긍정하려면 공정이 전제되어야 한다. 우리는 공정

한 경쟁을 하고 있는가?

　세상에 공정한 경쟁이라는 건 존재하지 않는다. 왜냐하면 사람은 태어나면서부터 공평하지 않기 때문이다. 유전자도, 가정 환경도 다르고 그에 따른 삶의 경험도 다른데 세상은 능력이라는 하나의 잣대를 가지고 사람들을 재단한다. 내가 가진 특성과 장점이 사회가 원하는 잣대와 맞지 않는다면 사회의 경쟁에서는 언제나 질 수밖에 없다.

　이런 사실을 인지했다면 경쟁하기보다는 '어떻게 나눌 것인가'를 고민해야 한다. 놀랍게도, 다른 사람을 제치고 경쟁에서 이길 때보다 다른 사람을 도울 때 우리는 더 큰 행복감을 느낀다. 나눔은 경쟁이 자아내는 스트레스와 분리감 대신 연대감과 공동체 의식을 촉진하며 모두에게 이로운 결과를 만들어낼 수 있기 때문이다.

　그렇다면 나는 경쟁에서 벗어나기 위해 일상에서 무엇을 실천할 수 있을까? 단언하건대 가장 쉽고 간단한, 하지만 무엇보다 중요한 방법은 '자기성장'이다. 성장함으로써 느끼는 기쁨을 반복해서 경험해야 한다.

　경쟁이 필요하다면 그 초점을 자신의 변화와 성장에만 맞추자. 끊임없이 내면을 들여다보고 내가 진정 무엇을 하고 싶은지 찾아라. 나이도 직업도 전혀 중요하지 않다.

이제부터라도 관심 있는 일을 찾아 해보면서 내가 하고 싶은 일을 탐구해 보자. 그것이 직업으로 연결된다면 더할 나위 없겠지만 꼭 직업이 아니어도 좋다. 무엇이든 시도해 보라. 그리고 자신의 미래와 경쟁하라. 내가 그리는 역량을 목표로 성장하는 삶을 살자.

오늘의 나는 어제의 나와 경쟁한 결과다. 그리고 지금은 내일의 나와 경쟁하고 있다. 당신은 그 경쟁에서 이길 것인가, 질 것인가.

경쟁

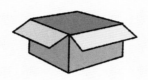

저자의 키워드	내가 발견한 키워드
✓ 타인과의 비교 경쟁 / 나의 목표 내면화 ✓ 자랑 SNS / 사랑 SNS ✓ 하나의 평가 기준 / 공정하고 다양한 평가 기준	

키워드에 대한 나의 경험이나 생각

저자의 인생관
공정하고 다양한 기준에서 가치 판단하고 타인의 우수함을 내면 목표화하여 자기성장에 몰두하기. 또한 나의 실현 결과를 자랑이 아닌, 사랑으로 나누는 삶 살아가기.

나만의 인생관

내 진짜 욕구를 채워주는
소비는 무엇인가?

쇼핑을 할 때 가장 행복하다는 사람이 있다. 반면 통장에 쌓인 돈을 보는 게 더 행복하다며 열심히 절약하는 사람도 있다. 여러분은 어느 쪽인가? 그리고 무엇이 더 바람직하다고 생각하는가?

식기세척기를 구매했다고 가정해 보자. 이틀 동안 열심히 검색해서 40만 원짜리 제품을 2만 원 싸게 구매했다. 2만 원을 덜 쓰기 위해 이틀을 소비한 셈인데, 나의 이틀이라는 시간과 2만 원의 가치를 비교해 본다면 어떨까? 그 시간에 다른 일을 하거나 수익을 늘리는 데 투자하는 방식도 생각해 볼 수 있다. 그러면 나는 정말 합리적으로 식기세척기를 구매했다고 말할 수 있을까?

많은 사람이 물건을 살 때 '호갱'이 될까 두려워한다. 내가 호갱이 됐느냐 안 됐느냐를 판단하는 지표는 대게 동일한 제품을 더 싸게 파는 곳이 있느냐 없느냐다. 일반적인 기준으로 40만 원짜리를 싸게 살 수 있는 최대 할인 금액을 2만 원 정도라고 해보자. 40만 원을 쓰면서 최저 금액을 미친 듯이 검색해 내가 호갱이 되지 않았다는 만족감을 얻는 값이 2만 원이다. 그만큼의 시간과 노력을 투자할 가치가 있는 금액인지는 사람마다 다를 것이다.

여기에서 한 가지 확실한 것은 올바른 소비에 대한 답이 동일한 제품을 최저가로 샀느냐에 있지 않다는 점이다. 호갱이 되지 않으려는 건 합리성을 추구한다는 뜻이다. 진정한 합리성의 기준은 자기의 가치관이나 욕구 등에 맞는 소비를 했는지에 달려 있다.

| 나는 정말 원해서 소비하는가? |

소비의 원천은 욕망이다. 미국의 심리학자인 에이브러햄 매슬로의 5단계 욕구 이론에 따르면 우리는 다섯 가지의 욕구를

가지고 있다. 단계별로 생리적 욕구, 안전 욕구, 소속 욕구, 존중 욕구, 자아실현 욕구이며 이들이 순서대로 충족되어야 행동의 동기가 생긴다.

원시시대에는 본원적인 욕망, 즉 살아남기 위해 소비했다. 동물을 잡아서 먹고 가죽을 벗겨 스스로 옷을 만들어 입은 게 그 출발이다. 이런 소비 행태는 근대로 오면서 점점 변화하다가 자본주의 사회가 되면서 완전히 달라졌다. 대량 생산이 이루어지면서 물건이 넘쳐나게 되었기 때문이다. 자신이 만든 것보다 이미 만들어진 완제품을 더 많이 쓰는 것이 바로 자본주의의 기본 구조다.

프랑스의 사회학자인 장 보드리야르는 소비에 의해 욕구가 충족되는 것이 아니라, 욕구를 계속 증폭시키는 구조에 강제되어서 소비를 하는 것이라고 문제를 제기했다.

과잉 생산한 물건을 팔기 위해서 사람들의 욕망과 욕구를 자극해야 하기에 우리가 소비를 강요당하고 있다는 것이다. 노동-소비-노동의 쳇바퀴 속에서 나다움을 상실한 채 소비하고 있는 것은 아닌지 스스로 돌아보아야 하는 이유다.

매슬로에 따르면 소비는 자기 욕구를 충족시키는 수단으로 작용한다. 예를 들어 특정 제품이나 브랜드를 사용함으로써 자신을 나타낼 수 있고 소속감을 느낄 수도 있다. 혹은 높은 사회적 지위를 얻기 위해 명품을 소비할 수도 있다. 이 화장품을 사용하면 연예인처럼 예뻐지고 이 자동차를 끌면 상위 계층이 될 수 있을 것만 같다고 생각한다. 소비욕을 조장하는 사회에 살고 있는 것이다.

한편으로는 미니멀리즘도 유행한다. 미니멀리즘이 추구하는 라이프 스타일은 불필요한 요소를 제거해서 더 의미 있는 삶을 살자는 것이다. 이는 소비에 대한 다른 관점을 제시했다는 점에서 의미가 있다. 그러나 미니멀리즘을 위해 미니멀한 디자인의 제품을 사들이는 사람도 적지 않다. 미니멀리즘도 하나의 스타일로 소비하는 것이다.

그렇다고 해서 소비를 하지 말자는 말이 아니다. 소비는 필요하다. 다만 나다움을 자유롭게 누리는 삶을 살기 위해서는 내 욕망마저 조작하는 사회 구조에 휘둘리지 말고 나답게 소비해야 한다.

나답게 소비하려면 나의 행복과 소비의 비율이 일대일이 되어야 한다. 즉 1을 소비해서 나의 자유와 행복이 충분히 채워진다면 그 이상을 소비하지 말자는 것이다. 자신만의 기준에 따라서 소비의 크기를 결정해야 한다. 이것이 바로 적정 소비다.

| 저축만이 선인가? |

반면 극단적으로 소비를 줄이고 저축하는 사람들도 있다. 돈을 쓰는 게 오히려 마음이 불편하다며 아끼기만 하는 사람이 생각보다 주변에 많다. 그들은 미디어에 소개되기도 하고, 절약 정신이 대단하다며 주변의 찬사를 받기도 한다.

우리 사회에는 '절약과 저축은 선, 소비는 악'이라는 프레임이 존재한다. 절약하는 사람에게는 박수를 보내지만 돈을 많이 쓰는 사람에게는 다들 눈살을 찌푸리지 않는가. 저축과 소비에 대한 이런 인식은 어디에서 왔을까?

그 출발은 미국이다. 제2차 세계대전이 끝난 뒤 미국에서는 사회·경제적 변화와 함께 저축주의가 중요한 역할을 했다. 전쟁을 통해 세계 최대의 경제 대국이 된 미국의 국민들은 전시의 불확실성을 경험하면서 미래에 대비하기 위해 저축을 해야 한다는 인식이 커졌다.

개인 소득의 증가도 한몫했는데, 미국 정부에서도 자본을 축적하기 위해 국민의 저축을 장려하는 정책을 시행했다. 개인과 가정의 저축은 투자 자본의 원천이 되어 미국 경제의 성장을 지원했다.

이 절약주의는 일본으로 건너갔다가 박정희 정권 시대에 개발주의와 함께 한국으로 들어왔다. '아껴야 잘살고 저축만이 살길'이라는 구호가 울려 퍼졌다. 국민들의 저축이 은행으로 흘러 들어가 그 돈으로 기업들이 공장을 지었고 성장으로 이어졌다.

그러나 미국의 저축주의는 오래가지 않았다. 1980년대에 들어 경제 성장과 함께 소비가 촉진되면서 저축률이 감소했고, 1990년에 디지털 혁명과 온라인 쇼핑, 신용카드의 보편화로 쉽고 편리한 소비가 퍼져나갔다. 그에 비해 일본은 전통적으로 강한 저축주의 문화가 그대로 유지되었다.

한국은 두 나라 모두와 다른 양상을 보였다. '저축만이 살길'이라는 것과 '적극적 소비가 세상을 더 잘살게 만든다'는 두 가지 모순된 논리가 혼재하기 시작했다. 한편으로는 엄청나게 절약하려 하고, 다른 한편으로는 사치품 소비에 몰두하게 된 것이다.

| 저축은 꿈과 결합해야 한다 |

삶의 자유를 누리기 위해서 돈을 축적해야 한다는 것은 명백한 사실이다. 그렇다면 돈을 어떻게 모을 것인가? 소득에는 근로 소득과 자산 소득이 있다. 근로 소득은 직업 활동이나 노

동을 통해 얻는 소득이다. 반면 자산 소득은 투자나 자산에서 발생하는 소득으로 주식, 부동산, 이자, 배당금 등 노동과는 독립적으로 얻을 수 있다.

이전에는 근로 소득만으로도 돈을 모을 수 있었지만 현대사회의 금융자본주의 아래에서는 노동보다 금융을 활용한 경제활동의 비중이 점점 더 커졌다. 쉽게 말해 돈을 이용해 버는 돈이 노동으로 버는 돈보다 훨씬 큰 것이다.

돈을 가진 사람은 주식이나 부동산 투자로 더 빠른 시간에 돈을 크게 불린다. 스타트업 기업에 투자해서 천문학적인 돈을 벌기도 한다. 그런 뉴스를 접할 때마다 월급 노동자들은 한숨이 나온다. 나는 노동으로 버는 수입이 대부분이고 물가 상승률이 내 월급 상승률을 앞선다. 대체 어쩌란 말인가?

중요한 것은 근로 소득으로 돈 모으기를 포기하지 말고 근로 소득과 자산 소득을 모두 늘릴 계획을 세우는 것이다.

먼저 나의 근로 소득을 파악하고 일정 기간 동안 저축을 통해 시드머니를 만드는 게 시작이다. 그런 다음 자산 소득을 만들어가야 한다. 예금, 주식, 부동산 투자 등 무엇이든 자신에게 맞는 종목으로 공부해서 돈을 굴리는 것이다. 시드머니를 만들기 위한 몇 가지 단계를 소개한다.

1단계: 시드머니 설정하기

초기에는 다소 극단적인 절약을 통해 시드머니를 만드는 것이 필요하다. 우선 시드머니를 통해 최종적으로 만들고 싶은 소득 목표를 설정하라. 예를 들어 아무 근거 없이 목표를 10억으로 설정하기보다 1억을 시작으로 20년간 얼마씩 불려 나갈지 구체적으로 계획해 보는 것이다. 이때 시드머니는 1억이다. 노후까지 계획을 세워보면 지금 얼마나 절약해서 초기 자본을 만들어야 할지 결정할 수 있다.

2단계: 근로 소득을 늘리기 위한 역량 높이기

1단계를 토대로 근로 소득을 늘리기 위한 계획을 세울 수 있다. 나의 경력 기술서를 수시로 점검하고 업데이트하자. 수입이 너무 적으면 아무리 절약해도 한계가 있기 때문에 역량을 키워 소득을 늘리는 것도 중요하다. 그 이후에 자산 소득을 어떤 방법으로 어느 정도 수준까지 벌어들일 것인지도 계획해 보라.

3단계: 적정 소비의 기준 세우기

현재 소득을 파악하면 적정 소비의 기준도 세울 수 있다. 다만 시드머니를 모으기 위해서는 적정 소비보다 더 허리띠를 졸라매야 할 수도 있다. 예를 들어 3년 동안 1억의 시드머니를 마련하겠다는 목표가 있다면 소비를 크게 줄일 것이다. 자신의 계획과 전략에 따라 선택한 극단적 절약은 그리 괴롭지만은 않다. 둘이서 1인분만 먹으면서 밥값을 절약해도 행복할 수 있다. 목표를 이루면 다시 적정 소비로 돌아가면 된다.

중요한 것은 절약을 위한 절약이 아니라 '꿈과 결합하는 절약'이다. 맹목적으로 돈을 좇는 게 아니라 내 꿈과 연관된 목표를 위해 돈을 모아야 의미가 있다. 초기의 절약이 꿈과 결합하면 어떤 경제적, 사회적 기회가 찾아올지 모른다.

시드머니를 만들고 그것을 내 꿈과 결합하자. 초기 자본과 꿈, 그리고 실력. 세 가지가 결국 우리에게 돈을 벌어다준다. 지금 하는 일이 당신의 꿈이 아닌가? 나도 그랬다. 나도 교수가 내 꿈은 아니었다. 그래서 사업가로서의 실력을 쌓으며 사업을 계획했다. 현재에 충실하면서 더 나은 미래를 계획하면 꿈을 이루면서 돈을 벌 수 있다. 삶은 이렇게 설계되어야 한다.

| 적정 소비를 만드는 기준은 인생관에서 나온다 |

"뭐가 제일 잘 나가요?"

물건을 살 때 사람들은 이렇게 묻는다. 많이 팔리는 물건은 그만큼 좋은 이유가 있겠거니 생각한다. 물론 그렇기도 하지만, 이런 질문을 한다면 점원은 당연히 최신 제품을 추천한다.

최근 산 물건들을 떠올려 보자. 내가 정말 원하고 필요해서 산 것인가? 요즘 유행한다고 하니까, 사람들이 좋다고 하니까, 혹은 과시하고 싶어서 산 물건은 없는가. 그런 소비는 결코 내 욕망을 충족해 줄 수 없다.

나는 내 인생관에 따른 몇 가지 소비 기준을 가지고 있는데, 우선 공산품을 살 때는 크게 두 가지를 고려한다. 하나는 '환경성'이고 다른 하나는 '유용성'이다. 환경을 위해서는 아예 물건을 사용하지 않는 것이 최선이겠지만 그럴 수 없으니 내 힘이 닿는 데까지는 환경에 이로운 소비를 한다.

예를 들어 나는 20년 된 선풍기를 아직도 쓰고 있다. 매년 최신 선풍기가 나오는데, 바람이 더 부드럽다든가 리모컨이 있다든가 하는 식의 새 기능이 첨가된다. 하지만 대부분은 내가 그 유용성을 크게 느끼지 못한다. 유용성보다는 멀쩡한 선풍기를 버려서 환경을 해치는 해악이 더 크다고 생각한다.

그런데 에어컨은 좀 다르다. 인버터 형식이 나오자마자 새 것으로 바꿨다. 인버터 형식이 에너지 사용량을 줄이기 때문이다. 공기청정기도 따로 구매하지 않고 에어컨의 공기청정 기능으로 대체한다. 공기를 청정하게 만드는 기계를 만들면서 공장을 돌려 공기가 더 나빠진다는 게 모순적이라는 생각이 들었기 때문이다.

얼마 전에는 선풍기 목이 부러져서 12만 원을 들여 고쳤다. 새로 사는 게 더 싸다는 걸 알지만 고쳐 쓸 수 있다면 고쳐 쓰는 게 환경에 좋다고 생각한다. 내가 지불할 수 있는 영역에서는 돈이 문제가 되지 않는다. 중요한 건 내 철학과 원칙, 그리고 기준이다. 비싼 돈을 주고 오래된 선풍기를 고치면 누군가는 바보 같은 행동이라고 할지 모른다. 그러나 기준이 있기 때문에 나는 내 소비에 자신이 있다. 결국 적정 소비는 자기 철학에 따라 결정된다.

내 경제 수준에서 가격과 관련 없이 소비하는 물건도 있다. 나는 기록하고 필기하는 일을 평생 해와서 그런지 문방구, 특히 만년필을 좋아하기 때문에 몇백만 원짜리 만년필도 마음에 들면 산다.

다만 옷에 대해서는 좀 다르다. 스포츠 의류는 전문 스포츠 브랜드에서 사지만 일상적인 옷에는 투자를 최소화한다. 2~3년 주기로 동대문 같은 곳에서 한꺼번에 구입한다. 그렇다고 무조건 싼 옷을 사는 건 아니다. 비용과 멋을 동시에 충족하는 적정선을 찾는다.

나에게 필요한 물건인지 따질 때는 두 가지를 생각해 본다. 그걸 장기적으로 사용할 것인가? 그게 없으면 내가 어느 정도로 노동을 해야 하는가? 예를 들어 망치가 없으면 나는 손이나 다른 도구로 대체할 때가 많지만 드라이버는 대체할 도구가 마땅치 않다. 그리고 자주 쓰지는 않지만 두고두고 쓸 일이 있다. 그래서 드라이버는 나에게 필수품이다.

당신은 어떤 인생관을 가지고 있는가? 그리고 소비할 때는 그것을 어떻게 적용하는가? 나처럼 환경적인 요소를 중시하는 사람도 있을 것이고, 미적 가치를 중시하는 사람도 있을 것이다. 자기 기준을 세우고 적정 소비를 하는 법을 스스로 찾아나가야 한다.

| 존재적으로 소비하라 |

소비에 있어서도 소유적 소비와 존재적 소비로 나누어 생각해 볼 수 있다. 소유적 소비는 주로 타인의 인정이나 소속감을 얻기 위한 목적으로 이루어지는 소비를 말한다. 자신이 누리고자 하는 경험이나 취향을 표현하는 것이 아니라, 사회적 지위나 성공을 상징하는 물품을 구매하는 데 중점을 둔다.

소유적 소비를 하면 우리의 욕망은 영원히 충족되지 않는다. 경쟁적 소유욕에 따른 소비이기 때문이다. 자본주의는 그런 소유욕을 부추기는 구조를 갖추고 있다. 공급이 소유를 장악해, 물건을 생산해 놓고 그것을 팔기 위해 경쟁적 소유를 부추기는 것이다.

반면 존재적 소비는 개인의 내면적 가치와 깊게 연결되어 있다. 이는 자신의 진정한 취향, 즐거움, 열정 또는 삶의 의미를 반영하는 구매 행위로 자기 자신을 표현하고 정체성을 구축하는 데 중점을 둔다. 스스로 필요하고 가치관에도 맞는 물건을 소비했다면 우리는 그 물건과 하나 된 느낌을 받는다.

그러나 경쟁적 소유를 부추기는 사회에서 온전히 존재적 소비만 하며 살기는 힘들다. 다만 그것을 지향하는 방식으로 살아갈 수는 있다. 내 인생관과 취향에 따라 선택한 것을 반복해서 사용하고 더 아껴주면 된다.

| 취향이 없으면 소유적 소비를 하게 된다 |

생각보다 우리 주위에는 취향이 없는 사람들이 많다. 취향이 없으니 유행에 따르고 남의 눈을 지나치게 의식하게 된다.

존재적 소비보다 소유적 소비가 많은 이유다. 취향을 발견하고 그것을 향유할 역량을 키우는 것도 올바르게 소비할 수 있는 길이다.

나는 사람들에게 매일 아침 계획을 세우라고 권한다. 그런데 오늘의 계획을 쓰라고 하면 다들 '의무'만 생각한다. 해야 할 일이 많으니 어쩔 수 없을 것이다. 그래도 하루에 하나씩은 '하고 싶은 일'을 추가하기를 바란다.

예를 들어 나는 오늘 여러 회의가 있어서 그 목록을 계획표에 적었다. 그리고 마지막에는 점심 식사 후 내가 좋아하는 아이스크림 사 먹기를 적었다. 아무리 작은 것이어도 좋으니 나에게 기쁨이 되는 일 하나를 계획하는 것이다. 그것 하나로 일상이 더 즐거워지고 오늘 계획을 꾸려갈 힘을 얻게 된다.

먹는 것이든 문화예술이든 스포츠든 다 좋다. 퇴근 후에 실내 테니스를 친다거나, 기다리던 만화책이 발간되어서 사러 간다거나, 새로 시작하는 드라마를 본다거나 등 내 기쁨의 계획을 추가하라. 그러면 인생에 나만의 취향이 더해진다.

다만 여기에는 한 가지 조건이 있다. 바로 내가 무엇을 좋아하는지를 확실히 알아야 한다는 점이다. 그걸 알려면 어느 정도 투자가 필요하다. 많은 사람이 자기가 무엇을 해야 행복한지 모른다. 스스로 경험해 보아야 무엇을 좋아하는지도 알게 된다. 그것을 발견하는 데 시간과 돈의 투자가 필요한 것이다.

만약 어떤 영상에서 행글라이더를 타는 장면을 보고 흥미가 생겼다고 해보자. 그런데 정말 내가 행글라이더를 좋아하는지 알 수 없다. 해봐야 알 것 아닌가. 행글라이더를 타보려면 돈이 필요하니 저축을 해야 한다. 그러면 이번 주에 점심을 저렴한 메뉴로 먹어도 힘들지 않다.

이처럼 자기의 취향을 알고 향유하기 위해서는 도전과 실험이 필요하다. 많이 할 필요도 없고 생각났을 때 하나씩 시도하면 된다. 그러다 보면 살면서 향유할 수 있는 일의 종류가 많아진다. 이것이 바로 삶의 재산이다.

소비

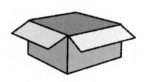

저자의 키워드	내가 발견한 키워드
✓ 본원적 욕망 소비 / 조작된 욕망 소비 ✓ 목적 없는 절약 저축 / 자산 수익 자금을 마련하기 위한 절약 저축 ✓ 가치관에 따른 적정 소비 / 타인에게 자랑하려는 소비	

키워드에 대한 나의 경험이나 생각

저자의 인생관
조작된 욕망에 휘둘리는 소유적 소비가 아니라, 본원적 욕망과 취향에 따른 적정 소비를 지향하자. 자산 수익 자금을 마련하기 위해서 일시적·극단적 절약을 병행하며 살자.

나만의 인생관

잠재성은 어떻게
발휘되는가?

어느 날 중학교 교사로 일하고 있는 조카를 만났다. 그는 요즘 학생들이 이런 말을 자주 한다고 했다.

"저는 못해요. 전 그런 능력이 없어요."

"만약 시도했다가 실패하면 어떡해요?"

"저는 정말 운이 없어요. 이번 생은 망했어요."

교사인 자신이 보기에는 학생들이 충분히 할 수 있는 일인데도 도전하기를 주저한다는 것이었다. 아직 나이도 어릴뿐더러 무엇인가에 실패하더라도 홀홀 털고 다시 하면 될 텐데, 요즘 아이들은 작은 실패조차도 두려워하고 있었다. 그런 아이들을 볼 때면 어떻게 말해줘야 할지 고민이라고 했다.

이것은 비단 아이들만의 문제가 아니다. 우리 주변에는 웬만큼 인생을 살아와서 성공과 실패를 이미 경험해 본 사람들이 많지만 그들도 새로운 도전을 주저하기는 마찬가지다. 오히려 세상을 좀 살았기 때문에 겁이 더 많아진 사람도 있다. 자신을 믿지 못하고 저평가하는 것이다.

성공은 운과 같은 외부 요인에 달렸다고 믿으며 새로운 기회가 찾아와도 도전하지 않는다. 도전하지 않으면 실패도 하지 않기 때문이다. 하지만 이것은 굉장히 어리석은 생각이다. 어차피 배가 고파질 테니 밥을 먹지 않겠다는 것과 다름이 없다.

모든 사람에게는 '잠재성'이 있다. 다만 모두가 그 잠재성을 자신의 역량으로 끌어낼 수 있는 것은 아니다. 잠재성을 믿지 않고 지레 포기하며 관성대로 살다 보면 내가 잘하는 게 뭔지, 내가 원하는 게 뭔지 모르는 상태에서 인생을 허비하고 만다.

성장도 하고 성공도 하고 싶다면 잠재성으로 숨어 있는 내 진짜 능력을 찾아내려는 시도가 필요하다.

| 나의 현재 = 잠재성 + 현실성 |

잠재성은 크게 두 가지 통로로 우리 안에 누적된다. 하나는

'경험'의 세계다. 눈으로 보고 감각하는 것에서부터 시작해 일하고 행위하는 모든 경험을 통해 잠재성이 쌓인다. 다른 하나는 '인지'다. 학교에서 공부하고 배우는 것은 물론 책을 읽는 것도 인지 차원에서의 잠재성을 쌓는 좋은 방법 중 하나다.

여기서 하나 예외적으로 추가되는 것이 있다면 바로 우리가 타고난 기질이나 특성이다. 인지와 학습, 그리고 기질이 합쳐져 우리 내면에 액체처럼 존재하는 게 바로 잠재성이라고 할 수 있다.

들뢰즈는 잠재성에 대해 많은 관심을 가지고 있었다. 잠재성을 영어로는 'potential'이라고 하는데 들뢰즈는 이를 '가상성(virtuality)'이라고 불렀다. 아직 밖으로 나오지 않은 것이기 때문이다. 이와 달리 밖으로 표출되어 현실화된 것은 '현실성(actuality)'이라고 했다.

우리의 현재는 잠재성과 현실성이 합쳐진 것이다. 잠재성이라고 하면 현재는 없는 것이라고 오해하기 쉽지만, 잠재성은 이미 우리에게 존재하고 있다. 한 번도 해본 적이 없는 어떤 일을 우연히 해봤더니 내가 꽤 잘한다는 걸 발견한 적이 있는가? 이게 바로 잠재성이다. 이런 경험이 없더라도 그것은 잠재성이 없기 때문이 아니다. 그저 아직 경험을 못 해본 것뿐이다. 잠재성은 가지고 태어날 수도 있지만 성장하면서 생겨나기도 한다.

어떤 일을 수련하는 과정에서 생겨나기도 하고, 때로는 그 일과는 전혀 다른 잠재성이 눈을 뜨기도 한다.

그런데 우리는 잠재성은 빼고 자신을 판단하는 경향이 있다. 내가 지금 하고 싶은 것, 잘하는 것만이 현재의 나라고 생각한다. 그렇기 때문에 계속 현재 상태에 머문다.

더 발전하고 성장하고 싶다면 자신의 잠재성을 끊임없이 자각하며 살아야 한다. 내가 모르던 잠재성을 발견해 그것을 현재의 동력으로 삼는다면 비약적인 성장을 할 수 있다.

| 내 안에 답이 있다 |

자신의 잠재성을 인식하는 것과 인식하지 않는 행동에는 큰 차이가 있다. 휴대폰을 어디에 뒀는지 잊어버렸다고 가정해 보자. 휴대폰이 집 안에 분명히 있다는 걸 알고 찾을 때와 어디에 있는지 전혀 알지 못하는 채로 집 안팎을 뒤지는 것은 완전히 다른 문제다. 물건을 잃어버려서 허둥대는 사람을 보면 나는 이렇게 말해준다.

"그 물건이 어디에 있는지는 결국 네 안에 답이 있어. 그러니까 무작정 찾지 말고 그전에 어디서 뭘 했는지부터 생각해 봐."

기억을 더듬다 보면 분명히 휴대폰을 사용했거나 들고 돌아다녔던 장소를 떠올릴 수 있다. 찾아야 하는 범위를 좁힐 수 있고, 더 빠르게 휴대폰을 찾는 목표에 도달할 수 있다.

우리의 잠재성도 이와 비슷하다. 우리가 경험하고 읽고 생각하고 느낀 것은 모두 실제로 존재한다. 내 안에 잠재성이 있다는 걸 아는 사람은 더 빨리 잠재성을 발견하고 발현할 수 있는 반면, 그걸 모르는 사람은 잠재성의 존재 자체를 확인하기 어렵다.

자기 안에 잠재성이 없다고 믿는 사람은 자신의 성장 가능성을 제한하고 능력을 충분히 발휘하지 못한다. 또 그것을 어디에서 찾아야 할지 모르는 사람은 내면을 들여다보는 대신 외부 요인이나 환경에 의존하게 되고, 그래서 불안감이 깊어진다. 자기 안의 잠재성과 능력을 인식한다면 내면의 무한한 잠재성을 실현해 가는 삶의 여정을 긍정적으로 바라볼 수 있다. 더 강한 동기를 가지고 적극적인 삶의 태도를 취하게 되는 것이다.

인간관계에서도 잠재성이라는 세계를 인정하느냐 그러지 않느냐는 매우 중요한 문제다. 상대방을 고정적인 존재로 보느냐, 변화하고 성장할 수 있는 가능성의 존재로 받아들이느냐에 따라 상대를 대하는 나의 태도가 달라질 수밖에 없기 때문이다.

그러므로 생각을 전환해 보자. 우리의 잠재성은 아직 실현되지 않았을 뿐 원래 존재하는 것이다. 그것은 나의 선택과 행동, 그리고 세상과의 상호작용을 통해 발현된다. 예를 들어, 새로운 기술을 배우거나 도전적인 경험에 참여함으로써 잠재성을 실현할 수 있다. 이를 인식하면 자신의 강점과 능력을 최대한 활용하여 성장과 발전을 더 적극적으로 추구할 수 있다.

│ 잠재성을 발견하면 성장판이 열린다 │

기록대학원 교수 시절 두 대학원생에게 서고 정리를 시킨 적이 있다. 흩어진 책과 문서철들을 모으고 분류해서 목록을 만든 뒤 거기에 이름표를 붙이는 일이었다. A학생은 어릴 때부터 공부를 아주 잘해서 좋은 대학교를 나온 친구였고, B학생은 전문대에 갔다가 편입을 거쳐 4년제 대학교에 들어가게 된 케이스였다.

B학생은 자신이 어릴 때부터 공부를 싫어했고 잘하지도 못했다고 말했다. 그런데 일을 시켜놓고 2주 후에 가봤더니 B학생이 훨씬 더 정리를 잘해놓은 게 아닌가. 내가 그 학생을 칭찬

했더니, 학생은 자신이 그 일을 잘할 수 있을 거라는 기대가 없었는지 무척 놀라는 눈치였다. 나는 B학생에게 말했다.

"너는 일머리가 좋구나. 공부머리와 일머리는 다르지. 공부머리가 좋다고 인생에서 성공하는 건 아니야."

그리고 그 학생에게 딱 맞는 수업이 생각나 추천해 주었다.

"우리 대학원에 '분류와 기술론'이라는 수업이 있는데 그 수업을 들어보면 좋겠어. 지난 2주간 서고를 정리했던 일을 생각하면서 수업에서 나오는 이론을 이해해 봐"

그 수업은 기록을 분류하고 목록을 만드는 방법을 가르치는 수업이었는데, 나는 B학생이 잘해낼 것을 확신했다. 내 예상은 적중했다. 그 학생은 기록관리에 재능이 있었고 놀라울 정도로 성장해 서울의 어느 박물관에서 기록연구사로 일하게 되었다. 그 후로도 일을 잘하기로 소문이 자자하다.

B학생이 가진 잠재성은 일머리였다. 그것을 발견한 것이 그의 인생에 큰 계기가 되었다는 것은 말하지 않아도 알 것이다. 일머리가 좋은 사람은 귀하다. 어디에 가서 무엇을 하든 잘해낼 수 있다. 그런데 우리 사회에서는 일머리보다 공부머리를 더 가치 있게 보는 경향이 있어서 일머리가 있는 사람이 빛을 보지 못하는 경우가 종종 있다.

나는 이런 사람에게 B학생의 경우처럼 일머리와 공부를 결합해 보라고 조언한다. 잠재성의 실마리를 발견했을 때 그것을 외부의 지식 혹은 경험과 결합하도록 도와주면 더 큰 능력을 발휘할 수 있다는 것을 알기 때문이다.

뛰어난 HR(Human Resources, 인적 자원) 전문가들은 인재를 뽑을 때 현재의 역량을 토대로 잠재성을 추정해서 판단한다. 특히 신입 사원을 뽑을 때는 잠재성을 보지 않고 어떻게 채용을 결정할 수 있겠는가? 잠재성의 실마리를 더 많이 발견해 낼 수 있으면 미래 가능성을 비교적 정확하게 예측할 수 있다.

| 잠재성을 꺼내는 법 |

내가 B학생의 잠재성을 끌어내 준 것처럼 누군가 나의 잠재성을 발견해 주면 좋겠지만 현실에서는 쉬운 일이 아니다. 그렇기 때문에 나의 잠재성은 스스로 발견해야 한다. 그럼 어떻게 자신의 잠재성을 발견할 수 있을까?

방법은 간단하다. 첫째, 자꾸 생각하고 실행해 보는 것이다. 내가 관심이 있는 것, 어쩌면 아주 잘하거나 즐거워할지도 모른다고 생각하는 것이 있으면 도전해 보라. 이 과정은 다른 말로 시행착오라고 한다. 행동하지 않고 생각만 해서는 절대 잠재성이 발현되지 않는다.

이런 이야기를 하면 시행착오는 젊을 때나 하는 것이라고 말하는 사람도 있다. 하지만 나이가 들었다고 잠재성이 사라지는 게 아니다. 예순이 넘어도 무엇이든 시도해 볼 수 있다. 잠재성은 과거에 있는 것이 아니다. 현재로 끌고 와서 반복적으로 해봐야 마침내 제대로 표출된다. 처음에는 어쩔 수 없이 부족한 점이 보인다. 일종의 회로가 막힌 것인데, 그 회로를 뚫어주는 반복적인 노력의 기간이 반드시 필요하다.

내 이야기를 해보자면, 나는 20년 전에 시골에 집을 한 채 지어야겠다는 생각을 가지고 있었다. 건축을 제대로 배운 적은 없었지만 일단 설계부터 도전했다. 처음에는 당연히 잘되지 않았다. 그래서 다른 집들의 설계를 참고하며 한 달 이상을 그것만 반복했다. 가족들의 의견까지 종합해 집을 완성했는데, 1층은 방이 없는 대신 부엌에서 서재용 공간까지 탁 트인 구조였다. 그곳에서 20년 동안 살며 내가 그런대로 재능이 있다는 걸 깨달았다.

물론 반대의 경우가 생길 수도 있다. 정말 재능이 없다는 사실을 알게 될 수도 있는 것이다. 이건 이대로 또 괜찮은 발견 아니겠는가. 결론적으로는 한 달 이상은 노력해 보고 적극적 시행착오를 겪어야 내 잠재성을 제대로 판단할 수 있다는 것이다. 겨우 며칠, 기껏해야 일주일을 해보고 아니라고 판단하지 말길 바란다. 계속해서 잠재성을 찾고 성장하기를 반복한다면 인생이 무료하거나 공허할 틈이 없다. 성장하는 내 모습에 나날이 충만할 것이다.

둘째, 무엇인가를 공부하거나 시작할 때 그 분야에 대해 내가 알고 있는 것, 궁금한 것을 먼저 기록해 보는 것이다. 비유하자면 내 잠재성에 노크를 하는 셈이다. 더 쉬운 예를 들자면 시험 문제를 풀 때 질문을 먼저 알고 지문을 읽으면 답을 찾기 쉬워지는 방식이라고 할 수 있다. 특정 주제에 대해 내 안에 잠들어 있는 생각과 경험을 미리 알고 책(외부 지식)을 몇 권 접하면 훨씬 더 빨리 배우고 익힐 수 있다.

셋째, 나의 성공사례를 조사해 보자. 사회과학 분야에서는 사례 연구를 통해 어떤 문제를 심층적으로 조사한다. 이와 마찬가지로 내가 잘했던 것들에 대한 경험을 떠올려 보는 것은 잠재성을 찾는 데 큰 도움이 된다.

어떤 상황에 처했을 때 의도치 않게 나도 몰랐던 능력이 발휘된 적이 있는가? 그 능력이 발휘되었던 환경과 상황은 어떠했는가? 이를 잘 파악하면 잠재성이 현실화되는 패턴을 발견할 수 있다.

사람마다 패턴이 조금씩 다른데 나의 경우에는 직관을 발휘했을 때 일이 잘되는 경우가 많았다. 그래서 나는 직관이나 통찰력이 뛰어난 편이라는 걸 알게 되었고, 평소에도 이 두 가지를 발휘할 수 있는 환경을 만드는 데 집중한다.

여러분도 잠재성을 발휘하는 패턴을 생각해 보고, 그 패턴을 일상생활에 적용해 보자. 잠재성은 다양한 경험이 융합됐을 때 폭발적인 힘을 발휘한다. 많이 보고 다양하게 경험하면서 일상 속에서 씨앗을 최대한 많이 뿌려놓길 바란다. 잠재성을 끌어내는 것이야말로 진짜 나를 만날 수 있는 방법이다.

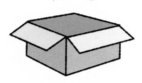

잠재성

저자의 키워드	내가 발견한 키워드
✓ 잠재성은 내게 있는 능력이라는 인식 / 잠재성은 허황된 꿈이라는 인식 ✓ 잠재성을 끄집어내려는 습관 / 현재에만 머무르는 습관 ✓ 시행착오를 통한 잠재성 현실화 / 도전을 두려워하는 태도	

키워드에 대한 나의 경험이나 생각

저자의 인생관
내 안의 잠재성을 인정하고 잠재성을 발견하기 위해 노력하며 동시에 다양한 시행착오를 통해 능력을 최대한 발휘하는 삶 살아가기.

나만의 인생관

내 삶의 목적은
어디에 있는가?

여기 중년 남성이 한 명 있다. 그는 한평생 돈을 벌어 가족을 건사하는 것을 목표로 살아왔다. 그러나 지금, 일상에 지친 그의 얼굴에는 피로와 걱정이 드리워져 있고, 마음에는 아직 이루지 못한 꿈과 소망이 먼지를 뒤집어쓴 채 숨죽이고 있다.

그는 지난 20여 년간 한 회사에서 일해 왔다. 일상은 반복적이고 예측 가능했지만, 그의 마음은 언제나 다른 곳을 바라보고 있었다. 그의 마음속에는 자꾸 질문이 떠오른다.

'나는 왜 사는가? 내 인생의 목적이 무엇인가? 나는 돈을 벌기 위해서 살아가나? 꿈을 좇으면 삶의 의미를 찾을 수 있을까?'

이 질문에 답을 찾을 수만 있다면 다시 한번 삶의 강력한 동기를 얻을 수 있을 것 같다. 지겹고 힘든 일상에 의미가 생길 것 같다. 하지만 도무지 답을 찾을 수 없다. 한 가지 다행인 점은 우리가 인류의 첫 세대가 아니라는 사실이다. 그 말인즉 우리보다 앞서 이 문제에 대해 깊이 생각한 철학자들이 이미 존재했다는 것이다.

철학자들이 생각하는 삶의 의미란 무엇일까? 삶의 목적을 돈과 꿈 중에 골라야 한다면 무엇을 선택해야 행복할까?

| '왜 사는가?'를 탐구한 철학자들 |

삶의 목적과 관련된 철학사는 고대 철학부터 현대 철학까지 두 가지 축을 양대 산맥으로 이어지고 있다. 한 축은 플라톤을 중심으로 한 의미론으로 삶의 목적이 '진리 탐구'에 있다는 주장이다. 다른 축은 아리스토텔레스를 중심으로 하며 삶의 목적이 '행복 추구'에 있다고 주장한다.

먼저 플라톤은 어떤 절대적 가치가 있어서 그것을 향해 가는 게 삶의 목적이고 의미라고 봤다. 그리고 그 절대적 가치를 '이데아'라고 불렀다. 이런 생각은 중세 신학과도 맞닿아 있으며 근대로 넘어와서도 지배적인 생각 방식이었다. 대표적으로

헤겔의 절대 이성론이 있는데, 헤겔은 절대적인 진리가 존재한 다고 믿었고 그것을 향해 역사가 발전한다고 생각했다.

플라톤에 비해 아리스토텔레스는 훨씬 더 현실주의자였다. 그는 행복이나 덕을 삶의 목적에 포함했다. 행복감을 느끼는 게 살아가는 목적이라고 본 것이다.

아리스토텔레스적인 생각 방식은 실존주의와 현대 철학으로 이어진다. 카뮈의 『이방인』이나 사르트르의 『구토』에서 이것이 아주 잘 드러난다. 이들은 작품을 통해 인간이 돈 버는 기계로 살거나, 사회가 요구하는 가치를 맹목적으로 좇거나, 자기 욕심만 차리려는 행위에 역겨움을 표현했다. 실존주의 관점에서 삶의 의미는 개인이 스스로 창조해야 하는 자신의 선택이자 책임에 가깝기 때문이다.

사실 삶의 의미는 그렇게 거창한 데에만 있는 것은 아니다. 예를 들어 아침에 일찍 일어나 머리를 매만지고 시간에 맞춰 출근하는 평범한 삶도 의미가 있다. 하루하루를 영위하는 행위가 모두 의미를 가진다. 그 작은 행위들이 쌓여 인생의 변화와 의미를 생성해 갈 수 있기 때문이다. 결국 현대 철학에 이르러서는 삶의 목적이 '내가 살면서 의미와 재미를 만들어가는 것'에 있다고 보기 시작한다. 의미나 재미를 추구하며 인생을 가꾸어가는 것, 즉 생성의 삶을 살아가는 것이 우리의 인생이다.

| 꿈을 찾고 좇는 데서 삶의 의미가 피어난다 |

　지금까지 철학적 관점을 살폈다면 이번에는 사회적인 차원에서 한번 생각해 보자. 사회적 차원에서 삶의 목적은 결국 '관계'다. 사람들과의 관계 속에서 인정받는 것이다.

　관계에는 정치·경제적 측면이 영향을 준다. 먼저 정치적이라고 하면 흔히 정치(politics)를 생각하지만 기본적으로는 위계(hierarchy), 즉 힘(권력)의 구조를 뜻한다. 그러니까 내 삶이 힘의 구조에서 어떤 영향을 받는지 살펴야 한다. 내가 지배받고 억눌려 있다면 삶의 목적을 찾을 수 없다. 또한 경제적인 측면에서 돈(경제력)이 없다면 나답게, 자유롭게 살아가지 못한다는 것은 말할 나위도 없다.

　결국 삶은 '행복 추구'라는 씨줄과 '관계·힘·돈'이라는 날줄이 서로 영향을 주고받으며 짜여간다. 그러므로 어느 한 측면만 고려해서는 삶을 제대로 이해할 수 없다. 다양한 요소를 고려하되 융합적으로 사고할 수 있어야 삶의 목적을 찾을 수 있다.

　플라톤의 의견은 지금 우리가 보기에는 좀 어처구니없다고 느낄 수 있다. 진리를 탐구하기 위해 사는 사람이 몇이나 되겠는가. 그런데 우리의 무의식에는 여전히 플라톤적인 생각이 있다. 절대 가치를 향해 나아가야 삶의 목적을 달성하는 것이라는 생각이 존재한다.

우리는 무언가 절대적인 가치를 붙잡지 않으면 불안하게 느낀다. 심지어 돈을 많이 벌어야 한다든가, 권력을 가져야 한다든가 하는 것이 절대적 가치인 줄 착각하기도 한다. 이는 자신이 언제 행복한지 모르기 때문이다. 꿈을 찾지 못하고 현재를 살아가기에만 급급하기 때문에 절대 가치에 삶을 의탁하는 것이다.

결국 꿈을 찾고 그것을 이루어가는 과정 자체가 바로 삶의 의미이고 목적이다. 그 과정에서 행복이나 좌절을 느끼고, 다른 사람들에게 영향을 끼치기도 하면서 삶에 여러 의미가 피어난다.

| 돈은 내 노동의 가치다 |

"꿈을 좇으며 살아라"라고 말하면 현실은 고려하지 않은 이상적인 얘기를 한다고 생각하는데 사실은 꿈은 돈과 굉장히 밀접한 연관성을 지니고 있다.

우선 인류가 자급자족하던 시절에는 물건을 맞교환했다. 그러다 사회가 발달하고 물건이 많아지면서 교환의 수단으로 화폐를 이용하게 되었다. 점점 돈을 많이 갖고자 하는 욕구가 생기며 경제적 우열과 빈부 격차가 발생했다.

돈에는 '이윤'이 붙는다. 그 이윤을 많이 가지는 사람과 덜 갖는 사람이 나뉘면서 노동이 소외되기 시작했다. 노동자보다 자본가가 이윤을 더 많이 갖게 되는 것이다. 독일의 철학자이자 공산주의 혁명가인 마르크스는 이런 자본주의의 폐해를 지적하며 화폐가 물신주의, 즉 돈이 신이 되는 세상을 만들었고 노동을 착취하는 계기를 만들었다고 주장했다.

이것은 일부 맞는 지적이기도 하다. 그러나 자본주의에는 다른 측면도 있다. 화폐는 내가 만들어낸 물건이나 서비스의 가치를 상징한다. 내가 제공하는 물건이나 서비스를 다른 사람들이 가치 있게 생각할수록 내가 얻는 돈도 커지는 것이다.

예를 들어 내가 쓴 소설의 가치를 스스로 10이라고 생각했다고 가정해 보자. 그럼 이 소설의 주관적 가치는 10이다. 그런데 이 소설을 읽을 사람들이 2 정도의 가치로 여긴다면 객관적 가치는 2가 된다. 다시 말해, 화폐는 주관적 가치를 객관화하는 데 결정적인 역할을 한다.

만약 당신이 블로그를 운영하기 시작했다고 해보자. 사람들에게 도움이 되는 글을 열심히 게시했더니 반응이 좋았고, 광고가 붙으며 돈을 벌기 시작했다. 그렇다면 내가 행한 노동의

나의 꿈		돈(수익)과 연결할 수 있는 지점
	▶	

나의 꿈과 돈을 연결할 수 있는 방법 찾기
꿈을 이루기 위한 계획은 꿈과 돈의 연결 지점을 찾는 것에서 시작된다.

객관적 가치를 확인한 셈이다.

한걸음 더 나아가 보자. 내가 만든 물건이나 서비스가 팔리려면 다른 사람들에게 '효용'이 있어야 한다. 이걸 '효용 가치'라고 하는데, 내가 노동한 결과물에 대해 사람들이 효용이 있다고 판단하면 그 가치가 돈으로 전환된다. 사람이 노동을 하고 삶을 살아가는 행위에는 사실 타인에게 쓸모를 제공한다는 '이타성'이 포함되어 있는 것이다.

그래서 내가 만든 물건이나 서비스를 제공했을 때 돈이 많이 벌린다면 이타적 실천을 아주 많이 하는 것이라고도 볼 수 있다. 여기에서 돈과 꿈의 접점이 생긴다. 꿈의 결과가 돈이고, 돈의 결과가 꿈이 될 수 있다.

| 꿈과 돈을 동시에 취할 수 있다 |

하브 에커는 저서 『백만장자 시크릿』에서 백만장자가 되기 위해 마인드를 리셋하는 17가지 방법을 제시했다. 그중 하나가 '둘 다 가질 수 있다'이다. 부와 행복이 모순된다는 건 착각이며 두 가지 모두를 거머쥘 수 있다는 것이다. 즉 돈을 돌게 만들어 많은 사람에게 행복을 주는 주체가 되어야 한다고 말한다. 꿈이냐, 돈이냐 양자택일하는 게 아니라 둘 다 가질 방법을 모색하는 게 바로 부자들의 생각 방식이다.

『돈의 속성』을 쓴 김승호 회장도 비슷한 말을 했다. 큰 부를 쌓는 사람은 돈을 벌 생각으로 사업을 시작한 사람이 아니다. 어떤 물건을 만드는 게 너무 재미있고, 그 물건을 만들어서 사람들이 쓰는 모습을 보는 게 너무 행복한 사람, 즉 그 물건을 만드는 게 꿈인 사람이다. 꿈의 상품을 만드는 데 집중하는 사람은 어느 순간 변곡점을 지나 엄청난 돈을 벌더라는 것이다.

돈에 집착하면 오히려 돈을 벌기 힘들어진다. 돈을 벌려면 돈을 벌 재료, 즉 꿈이 있어야 한다. 그 재료를 만들 생각은 안 하고 돈에 대한 욕심만 있다면, 할 수 있는 것이라곤 투기나 사기뿐이다. 내 꿈을 찾지 않고 용기 있게 시행착오를 겪어보지 않은 채 돈을 좇으면 결국 돈의 지옥에 빠져버린다.

누군가는 이런 의문을 제기할 것이다.

"내가 추구하는 꿈과 사람들이 필요로 하는 가치가 다를 수 있지 않습니까?"

충분히 있을 수 있는 일이다. 대표적으로 예술가들이 그렇다. 그런 경우에도 역시 꿈과 돈 중 하나만 택하려고 하지 말고 서로 조화시켜야 한다.

예를 들어 좋은 소설을 쓰는 게 꿈이라면 돈은 돌 보듯 해야 할까? 반대로 돈을 벌고 싶다면 좋은 소설을 쓰는 건 포기해야 할까? 그렇지 않다. 성공하는 소설가라면 독자들이 어떤 이야기를 듣고 싶어 하는지 귀를 기울이고 거기에 자신의 가치를 더할 것이다. 내 삶의 목적과 의미를 찾는 이야기인 동시에 사람들이 읽고 싶어 하는 이야기를 쓰려고 노력할 것이다.

나의 꿈과 돈은 동시에 추구할 수 있다. 좋은 소설과 돈이 양립 불가능하다는 건 착각이다. 나의 꿈을 상품으로 만들어 돈을 벌면 된다. 돈이 단순히 수단이 아니라 내 행위의 분신이라고 생각해 보라. 그러면 행복에 대한 생각이 바뀐다. 내가 하는 노동의 가치가 높으면, 다시 말해 사람들이 내 노동을 필요로 한다면 꿈도 이루고 돈도 벌 수 있다.

이처럼 꿈과 돈을 하나로 취한 사람은 사는 자체가 행복이 된다. 꿈과 돈이 일치했을 때 나답게 살 수 있는 이유다.

꿈과 돈

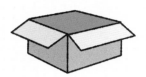

저자의 키워드	내가 발견한 키워드
✓ 플라톤적인 신기루 / 아리스토텔 레스적인 행복 ✓ 의미와 재미 추구 / 돈과 권력 추구 ✓ 꿈이나 돈에 집착하는 삶 / 꿈과 돈을 함께 얻는 삶	

키워드에 대한 나의 경험이나 생각

저자의 인생관
세상이 말하는 가치의 신기루를 쫓는 것이 아니라 나의 꿈, 내가 만들고 싶은 것에 열정적으로 매달려 '꿈과 돈', '의미와 재미' 모두가 실현되는 삶 살아가기.

나만의 인생관

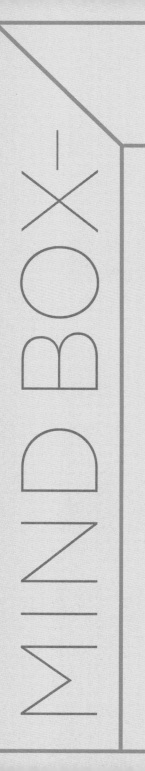

"인생은 자전거를 타는 것과 같다.
균형을 잡으려면 계속 움직여야 한다."

- 알베르트 아인슈타인

내 인생의
주인으로
살아가기

내 인생의 주도권 체크리스트

나는 과연 인생을 주도적으로 살고 있을까? 작게는 오늘 하루를 어떻게 보낼지부터 크게는 내가 하고 싶은 일을 발견하고 새로운 도전을 시작하는 것까지, 일상에서 스스로 주체가 되어 삶을 꾸려나가고 있는지 아래 질문을 통해 확인해 보자.

마인드 박스	질문	O	X
시간	항상 시간이 부족하다고 느끼는가?		
	나의 시간이 부족한 구체적인 이유를 알고 있는가?		
	오늘 하루 중 가장 중요한 일(계획)이 무엇인지 정확하게 인지하고 있는가?		
	과거를 돌아보았을 때 좋았던 기억보다 후회되는 기억이 더 많은가?		
그릿	살면서 끈기를 가지고 열정적으로 했던 일이나 취미, 혹은 활동이 있는가?		
	최근 1년 동안 새롭게 시작한 도전이나 취미가 있는가?		
	아주 사소한 것이라도 나만의 특기가 될 만한 기술적 역량을 가지고 있는가?		
일	지금 내가 하고 있는 일에서 보람을 느끼고 있는가?		
	일을 하는 데 있어서 일의 대가(돈)보다 중요하다고 생각하는 것이 있는가?		
	지금 하고 있는 일이 단순한 노동을 넘어 내 꿈을 이뤄나가는 과정이라고 느낀 적이 있는가?		
	자신의 일에서 역량을 높이기 위해 노력하고 있는 부분이 있는가?		
주체성	나 자신이 회사나 사회의 부품이라고 느껴지는가?		
	하고 싶은 공부나 학교, 직업, 인간관계 등 내 삶의 영역을 스스로 선택해 왔는가?		
	사회를 바꾸는 활동에 직간접적으로 참여하고 있는가?		

시간에 쫓기지 않고
살 수 있을까?

　나는 하루에 해야 할 일의 절반을 보통 새벽에 한다. 대체로 새벽 5시에 일어나 8시까지 세 시간 동안 일을 처리하는데, 똑같은 두세 시간이어도 다른 시간대에 비해 새벽은 고요하고 시간의 밀도가 높다. 다시 말해 방해받지 않고 온전히 몰입하기 쉬운 시간이다. 그래서 오후에 6시간 해야 하는 일도 오전 3시간 만에 해낼 수 있다.

　오후가 되면 조금 더 여유 있게 시간을 보낸다. 꼭 해야 하는 일은 오전 중에 처리해 두었으니 시간에 쫓기거나 급하게 미루는 일이 드물다. 오히려 시간이 남아 전날에 처리했던 일을 한 번 더 검토하기도 하고, 더 좋은 아이디어는 없는지 되짚어

보기도 한다. 책을 읽고 메모를 하거나 오전 중에 있었던 사람들과의 대화를 기록하는 데 시간을 할애하기도 한다.

매 순간 기록하고, 온라인 콘텐츠를 만들고, 전국 곳곳에서 강연하고, 회사를 경영하며 책도 쓰는 나를 보고 사람들은 "어떻게 그렇게 많은 일을 다 할 수 있느냐"라고 묻지만 나는 한 번도 시간이 없다고 생각한 적이 없다. 일정에 휘둘리지도 않는다. 놀랍지 않은가.

거의 대부분의 사람들이 "시간이 없다"라고 습관처럼 말한다. 내 주변만 둘러봐도 우스갯소리로 초등학생 시절을 제외하고는 시간이 많다는 감각을 느껴본 적이 없다고들 말한다. 아침에 일어나 일을 하고 돌아오면 벌써 밤이 된다. 그렇게 일주일이, 한 달이, 일 년이 지나간다.

혹시 당신은 일주일 전 오전 10시의 일을 기억하고 있는가? 바로 전날의 오후 4시는 어떠한가? 나는 이런 질문을 받으면 정확하게 대답할 수 있다. 전날 오후 4시에는 '우리 회사의 모 본부장과 어떤 대화를 나누고 있었다'는 식으로 말이다. 그러나 대부분은 무엇을 했는지 물으면 정확하게 기억하지 못한다. 시간이 없는 것보다 더 심각한 문제는 여기에 있다. 매일의 시간을 그저 똑같이 '흘려 보낸다'는 것이다.

누구에게나 하루 24시간이 주어진다. '물리적'으로는 그렇다. 그러나 '주관적'으로는 그렇지 않다. 내가 다른 사람보다 하루를 여유롭게 보낼 수 있었던 이유는 바로 주관적 시간을 잘 사용했기 때문이다. 주관적 시간의 밀도를 어떻게 높이느냐에 따라 24시간을 48시간처럼 쓸 수 있고, 같은 시간 동안 더 큰 성과를 낼 수 있다.

시간을 밀도 높게 사용하기 위해서는 '응축된 시간'을 살아야 한다. 순간순간을 의식적이고 집중적으로 경험하려고 노력할수록 시간은 응축된다. 응축된 시간을 살면 각각의 순간이 기억에 더욱 강렬하게 남는다. 내가 어떤 시간에 무엇을 했는지 기억할 수 있는 이유다.

이러한 방식으로 삶을 경험하면, 더 많은 내적 만족과 성취감을 느낄 수 있다. 단순히 시간을 '보내는' 것이 아니라 온전히 '살아내는' 것이 가능하다.

| 시간에 쫓기지 말고 시간을 주관하라 |

시간은 두 가지 개념으로 볼 수 있다. 하나는 물리적 시간이고 다른 하나는 주관적 시간이다. 단 30분이지만 3시간처럼 응축되어 있는 시간, 내가 몰입한 그 시간이 바로 주관적 시간이다. 반대로 누구에게나 똑같이 흘러가는 시간은 물리적 시간이다.

사람들이 물리적 시간을 인식한 것은 근대사회 이후의 일이다. 해의 이동에 따라 저마다 시간을 예측하다가 광장에 걸린 똑같은 시계를 보게 된 것이다. 또 지역마다 서로 다른 시간을 갖고 있다가 하나의 시간을 기준으로 따르게 되었다.

근대적 시간 구분법은 과거와 현재, 미래로 이루어진다. 그러나 아인슈타인은 '휘어진 시공간'이라는 개념을 통해 과거, 현재, 미래가 똑 부러지게 구별되지 않는다는 사실을 밝혀내기도 했다.*

예를 들어 당신이 높은 산의 정상에 서 있고, 친구는 계곡의 바닥에 있다. 아인슈타인의 일반 상대성 이론에 따르면, 중력이 더 강한 곳(계곡 바닥)에서는 시간이 더 느리게 흐르고, 중력이 더 약한 곳(산 정상)에서는 시간이 더 빠르게 흐른다. 물론 실제 생활에서 이러한 시간 차이는 극히 미미하기 때문에 우리가 느끼거나 측정할 수 없다.

굳이 휘어진 시공간이 아니더라도 주관적인 시간을 인식하

---

* 아인슈타인의 일반 상대성 이론에 따르면 중력은 물질에 의해 시공간이 휘어지는 현상으로 이해된다. 이처럼 시공간이 휘어진 영역에서는 시간이 더 느리게 흐른다.

면 시간은 전혀 다르게 다가온다. 즐거운 활동을 할 때, 예를 들어 친구들과의 모임이나 재미있는 영화 관람 중에는 시간이 빠르게 지나간다고 느껴질 때가 있다. 반대로 지루하거나 불쾌한 활동을 할 때는 시간이 매우 느리게 흐르는 것처럼 느껴진다. 또 다른 예로, 자신이 하는 일에 완전히 몰입한 상태에서는 외부 시간에 대한 인식이 사라진다. 이 상태에서는 몇 시간이 순식간에 지나간 듯 느껴지기도 한다.

이는 주관적인 시간 인식이 활동의 종류, 개인의 정서적 상태, 그리고 주변 환경에 따라 달라질 수 있음을 보여준다. 물리적 시간이 모든 사람에게 동일하게 흐르는 것과 달리 주관적 시간은 매우 개인적이며 주변 상황에 영향을 받기 때문이다.

앞서 설명했듯 시간은 우리가 생각하는 것처럼 과거, 현재, 미래로 흐르지 않으며, 동일한 속도로 흐르지도 않는다. 이 사실이 우리가 시간을 어떻게 활용하며 살 것인지에 대해 시사점을 준다.

또한 시간은 '비동시성'이라는 특성을 가진다. 예를 들어 빛의 속도로 10년 거리에 있는 어떤 곳에 외계인이 있다고 해보자. 그와 교신을 하고 있다. 그렇다면 내가 현재 보고 있는 외계인의 모습은 사실은 외계인의 10년 전 모습이다. 우리가 '지금'이라고 느끼는 것도 항상 같은 시간대가 아니라는 뜻이다.

많은 사람이 자신에게 정해진 시간이 있다고 생각하고, 그 시간에 쫓겨 살아간다. 다시 말해 어떤 나이에 도달하면 그에 맞는 역할을 해야 한다고 여긴다.

스무 살에는 대학에 입학해야 하고, 대학을 졸업하면 취업을 해야 하고, 삼십 대가 되면 1억을 모아야 하고 결혼도 해야 하며, 40대가 되면 집을 사야 하는 등…. 몇 살 때까지 뭘 해야 한다는 사회적, 시간적 압박을 느낀다. 사실 이 시간에는 실체가 없다. 그런데도 우리는 실체 없는 시간에 쫓기는 불행을 자초한다.

물리적 시간을 지키는 데 집착하지 말고 주관적 시간을 살며 변화와 성장에 집중해 보라. 이때 필요한 것은 리듬감이다. 항상 밀도 높게 변화하며 살기는 힘들다. 내가 목표를 가지고 의미 있는 일을 할 때는 집중하고, 그다음에는 풀어주면서 느리게 살아가는 것도 필요하다. 파도를 타듯 시간을 리드미컬하게 조절하며 살아가는 것이다.

이것은 주관적 시간관을 가짐으로써 가능해진다. 이제 과거, 현재, 미래가 동일한 속도로 흐른다는 생각을 뒤집어 보자. 인간이 만들어낸 시계는 편의상 그렇게 움직이지만, 우리가 살아내는 시간은 모두 다를 수 있다.

| 응축된 시간을 살아가는 법 |

　진정한 나로 살아가기 위해서는 두 가지 조건이 필요하다. 첫째는 '내가 뭘 하고 있는지' 인식하는 것이다. 그것은 과거를 통해 알 수 있다. 그러나 세상은 계속 과거를 잊으라고 종용한다. 우리는 지난 일은 잊도록 훈련받아 왔지만 이제는 그 기억을 복원해야 한다. 이것이 내가 나로서 살아가는 전제 조건이다.

　둘째는 '내가 뭘 하고 싶은지'를 인식하는 것이다. 이것은 미래를 통해 알 수 있다. 미래는 어떻게 존재하는가? 바로 상상을 통해 존재한다. 과거의 연장선상에서 나의 바람을 그려보면 내가 뭘 하고 싶은지를 알게 된다. 그렇기 때문에 현재를 살면서도 미래를 끊임없이 상상해야 한다.

　태어나서 지금까지 살아온 기억을 선명하게 자기 것으로 가지고 있다면 분명 삶은 달라질 것이다. 그러기 위해서는 의식적으로 주관적 시간을 인식하는 훈련을 해야 한다. 그 방법을 어떻게 훈련할 수 있을까?

　나의 경우에는 매일 하루 계획을 적으며 아침을 시작한다. 계획을 세우는 건 미래를 현재로 가져오는 행위다. 오늘 할 일과 하고 싶은 일을 쭉 적어보면서 하루를 어떻게 꾸려갈지 그린다. 그리고 하루를 보내면서 거의 모든 일상을 기록한다.

만약 오늘 오전 11시 30분쯤 도서관에 들렀다가 근처에 있는 국숫집에 가려고 계획했다고 해보자. 그런데 하필 도서관이 쉬는 날이었고 국숫집도 문을 닫았다. 비록 내 계획은 어그러졌지만 그렇다고 해서 아침에 세운 계획이 의미가 없느냐 하면 전혀 그렇지 않다. 나는 이 어그러진 일상도 그대로 기록한다.

저녁에는 이렇게 작성한 하루 동안의 기록을 보면서 오늘 내가 어땠고 뭘 했는지 떠올리곤 한다. 과거에 메모했던 내용을 상기하면서 과거를 현재로 가져오는 것이다. 그러면 이날의 기억이 내 안에 선명하게 남게 된다.

이렇게 순간순간을 축적해 가면 지나간 순간들이 현재와 일체화된다. 그러면 내 과거부터 미래까지 쭉 연결된 응축된 현재를 살게 된다. 이것이 주관적 시간을 사는 방법이다.

과거와 미래를 연결한 응축된 현재
미래를 현재로 가져오기 위해서 아침에 하루의 '계획'을 세우고, 과거를 현재로 가져오기 위해서는 저녁에 하루 동안 적었던 기록을 '상기'한다.

의식적으로 과거를 기억에 남기는 훈련을 하지 않으면 시간을 놓치고 시간에 휘둘리기 쉬워진다. 아무 생각 없이 SNS를 보며 시간을 보내다가 문득 인플루언서가 쓰는 비싼 소파를 사고 싶다는 바람이 주입되어 작게는 나의 하루, 크게는 나의 과거를 깡그리 잊게 되기도 한다.

과거를 현재의 나에게 밀착해 놓으면 내가 진짜 바라는 것이 무엇인지 알 수 있다. 주변에서 주입하는 바람이 들어올 틈이 없다. 나와 내 인생이 선명해지는 것이다.

| 과거를 기억하면 후회할 일이 적다 |

"지나간 일은 다 잊어버려."

사람들은 과거에 연연하지 말고 현재를 살아야 하며, 나아가 미래를 꿈꾸라는 말을 한다. 그러나 과거가 없다면 현재도 없고 미래는 더더욱 없다. 물론 안 좋은 기억이나 후회되는 일에 매달려서 지금 해야 할 일을 하지 못한다면 문제가 된다. 그러나 나쁜 기억은 잊으려 하면 더 생생해지는 법이다.

나쁜 기억이 더 생생한 이유는 무엇일까? 역설적이게도 우리가 과거를 기억하지 않기 때문이다. 과거는 좋은 기억과 좋지도 싫지도 않은 기억, 나쁜 기억들이 뒤엉켜 있다. 기억하려 하지 않기 때문에 오히려 이 중에서 대부분의 기억이 쉽게 휘발되고 나쁜 기억만 남게 되는 것이다. 하지만 기록을 하면 대부분의 기억이 나에게 '붙어 있게' 된다.

여러분은 과거에 후회되는 일밖에 없는가? 다시 생각해 보라. 예를 들어 나의 과거에서 후회되는 일이 10이면 그냥 덤덤한 일은 적어도 70은 될 것이다. 나머지 20은 좋은 일이었을 가능성이 크다. 그런데 기억하려는 노력을 하지 않았기 때문에 평범한 70은 휘발되고, 좋았던 20도 많이 바래서 나쁜 10만이 선명하게 남는다. 그래서 10이 전부인 양 착각한다.

과거를 기억하라는 건 나의 부족한 점, 후회되는 점에 얽매이라는 뜻이 아니다. 과거를 현재에 붙이고 주관적 시간을 사는 사람은 미래까지 연결하여 볼 수 있기 때문에 후회되는 일도 잘 소화해 낼 수 있다.

후회하지 않는 사람은 없다. 그러나 그것이 우리 기억의 중심이 아니다. 나쁜 기억에 중심 자리를 내어주지 않으려면 하루하루를 현재에 딱 붙이고 있어야 한다. 과거를 복원하고, 현재를 살고, 미래를 상상하라.

| 시간의 밀도, 변화의 속도 |

질량이 높은 고밀도의 환경에서는 시간이 느리게 간다고 했다. 우리도 그런 환경을 만든다면 시간을 알차게 쓸 수 있지 않을까? 물론 물리적으로 실제 질량의 밀도를 높이자는 얘기는 아니다. 이것은 시간의 속성을 이해하는 개념일 뿐 그런 환경을 직접 만들 수는 없다. 여기서 말하는 것은 우리가 처한 환경과 행위를 바꿔보자는 말이다.

예컨대 공부를 하려고 정해진 시간 동안 책상에 앉아만 있는 게 아니라 실제 집중하는 시간을 늘리는 방향으로 행동하는 것이다. 시간 자체에 집착하기보다는 그 시간에 하는 행위의 밀도를 높여보자. 그러면 변화의 속도도 자연스럽게 높아질 것이다.

변화의 속도를 높이기 위해서는 세 가지를 기억해야 한다. 즉시성과 압축성, 그리고 역동성이다.

즉시성 어떤 행위를 할 때는 즉시 일어나서 해야 한다. 이렇게 함으로써 시간의 압축성에 다가갈 기회를 얻는다.

압축성 집중력을 발휘해서 행위해야 한다. 그러면 실질적으로 시간이 압축적으로 흘러가는 효과를 볼 수 있다.

역동성 행위를 할 때 발생하는 변화를 인지해야 한다. 전략을 세우고 변화를 끊임없이 감지하면서 행동하면 지루할 틈이 없다.

일상에서 의미 있는 순간들에 집중하고, 그 순간들을 깊이 있게 경험하는 나만의 방식을 찾아보자. 이 또한 자신이 무엇을 좋아하는지, 무엇을 할 때 에너지를 얻는지 파악하고 있어야 가능하다. 나는 독서와 스포츠를 즐기면서 에너지를 얻는다. 이렇게 스스로를 이해하고 활동을 선택하면 더 깊이 몰입할 수 있다.

앞서 말했듯 계획을 세우고 우선순위를 설정하는 것도 중요하다. 물리적 시간은 한정되어 있으므로 자신에게 의미 있는 활동에 시간을 할애하자. 의미와 재미, 그리고 꿈을 위한 시간을 꼭 배분하길 바란다.

마지막으로 하루를 끝마쳤을 때는 꼭 오늘 하루에 대해 생각해 보라. 어떤 순간이 의미 있었고 어떤 순간에 즐거웠는가? 이것을 반복하면 매일을 더 충실하게 경험할 수 있다.

시간을 효율적으로 쓸수록 삶의 효율도 높일 수 있다. 시간에 휘둘리고 쫓기듯 살기보다는 시간의 밀도를 높이는 데에 집중하길 바란다. 이것이 시간에 끌려다니지 않고 내 시간의 주관자로서 살아가는 방법이다.

시간

저자의 키워드	내가 발견한 키워드
✓ 시간에 쫓기는 삶 / 시간을 주관하는 삶 ✓ 물리적 시간 / 주관적 시간 ✓ 기록을 통해 과거와 미래를 현재화 ✓ 시간의 즉시성과 압축성, 역동성 활용	

키워드에 대한 나의 경험이나 생각

저자의 인생관
과거를 떠올리고 미래를 계획해 현재로 가져오기. 즉시·압축·역동적으로 시간을 주관하는 삶 살기.

나만의 인생관

끈기만으로 완벽한 성취를 이룰 수 있는가?

내가 고등학교를 다닐 당시 교내에서 농구의 인기가 무척 높았다. 그래서 쉬는 시간이나 점심시간 때는 거의 대부분의 전교생이 농구를 했다.

나는 농구를 정말 잘하고 싶었다. 하지만 웬만큼 연습해도 실력이 늘지 않자, 농구를 잘하는 친구가 방법을 하나 알려줬다. 드리블을 하루에 100번씩 5세트를 하라는 것이었다. 같은 동작을 계속해서 하는 게 얼마나 지겨운지 모른다. 심지어 잘하지도 못하는데 집중력까지 떨어지니 공이 옆으로 튀어나가기 일쑤였다.

그래도 포기하지 않고 계속했더니 어느 순간 공이 손바닥에 딱 붙게 되었다. 농구공을 손바닥으로 밀고 당기는 느낌을 터득하게 된 것이다. 그때부터는 5세트가 언제 지나갔는지도 모르게 끝났다. 너무 재미있어서 5세트가 끝나도 혼자 계속 연습했다.

드리블 연습을 끝낸 다음에는 슛 연습을 시작했는데 이것도 마찬가지였다. 아무리 던져도 잘 들어가지 않으니 지루하고 재미가 없었다. 그래도 바른 자세를 의식하면서 계속 반복했더니 손목 스냅 쓰는 법을 깨치게 되었고 그때부터 슛이 잘 들어가기 시작했다. 슛이 잘 들어가니까 신이 나고, 신이 나니까 더 많이 연습하게 됐다. 이렇게 농구 기술을 익히고 나니 자신감이 붙었고, 나는 농구를 평생 좋아하는 사람이 되었다.

농구 하나만 하더라도 필요한 기술이 엄청나게 많다. 그걸 전부 마스터하고 높은 경지까지 익힌 사람은 프로 선수가 될 것이고, 그중에 일부만 익힌 사람은 나처럼 농구 마니아가 될 것이다. 이 사람들은 하지 말라고 해도 시간만 나면 농구를 한다. 그래서 실력도 점점 더 좋아진다.

운동뿐 아니라 세상 모든 일이 마찬가지다. 기술을 익히는 고통스러운 시간을 견디면서 훈련을 거듭하다 보면 몸이 기술을 터득하면서 재미가 생기고 작은 기쁨이 지속적으로 쌓인다. 그러면 아주 오랜 기간 열정을 다해 그것을 할 수 있게 되고 실력은 더욱 크게 향상된다. 그래서 좌절하지 않고 끈기 있게 노력하는 힘인 '그릿'을 가진 사람은 성공할 수밖에 없다.

| 기술 없이는 그릿도 없다 |

첫째 아이가 서울에서 내로라하는 대학에 들어갔을 때 주변에서 이렇게 말했다.

"그 집은 엄마 아빠가 다 공부하는 사람이고, 아빠는 서울대 출신이래. 교수라잖아."

이 말인즉슨 부모가 좋은 유전자를 물려줘서 첫째 아이가 좋은 대학에 들어갈 수 있었다는 뜻이다. 그럼 우리 둘째 아이는 어떻게 설명해야 할까? 둘째는 첫째와 달리 공부보다는 몸을 움직이거나 감각적으로 행동하는 데 능한 아이였는데 말이다.

많은 사람이 기술과 노력이 동반되지 않은 성장, 성취, 성공이 존재할 수 있다고 생각한다. 그리고 그것이 유전자에 기반해서 가능하다고 오해한다. DNA는 배열 구조일 뿐이다. 그 배열 구조에서 무엇이 튀어나오느냐는 결국 환경과 기술에 의해서 결정된다. 내가 어떤 기술을 선택해서 어떻게 연마하느냐에 따라 역량이 달라지고, 그 역량이 인생을 좌우하는 것이다.

물론 지능에는 유전적 영향이 크다. 그러나 아이가 공부를 잘하느냐 못하느냐는 유전만으로 결정되지 않는다. 게다가 학교 교육은 인지 학습의 결과를 중심으로 하며 경험 학습의 결과는 상대적으로 비중이 적다. 그래서 유전적으로 인지 학습 능력이 좋고, 부모의 학력과 재력이라는 요소가 뒷받침되어 공부를 잘 시킬 수 있는 환경이 갖춰진다면 좋은 대학에 갈 확률이 높아지는 것이다.

다만 그 능력이 삶을 살아가는 능력과 반드시 연결되느냐 하면 꼭 그렇지는 않다. 살아가는 능력을 메를로퐁티는 '이론지'와 구분해 '실천지(The Field of Practice)'라고 했다. 실천지란 우리가 세계를 인식하고 행동하는 방식을 말한다.

운전하는 경험은 실천지의 좋은 예다. 운전할 때 우리는 차를 조종하는 방법뿐만 아니라, 도로 상황을 신속하게 파악하고 다른 운전자의 행동을 예측하며 안전한 거리를 유지하는 등의 복잡한 판단을 내린다. 이 모든 것은 내 몸과 차량 그리고 주변 환경 사이의 상호작용을 통해 이루어진다. 실천지에도 타고난 유전자가 작용하지만 그릿을 발휘했을 때 훨씬 더 큰 성과를 얻을 수 있다. 우리 삶은 실천지와 그릿에 의해 결정되는 것이지, 이론지와 대학 졸업장에 의해 결정되는 것이 아니다.

그렇다면 우리는 언제 그릿을 발휘하는가?『그릿』의 저자 앤절라 더크워스는 두 가지 요인을 들었다. 우선 첫 번째로 즐거워야 한다. 재미있어야 계속하게 되고 열심히 하게 된다. 두 번째로 기술 능력이 있어야 한다. 아무리 재미있다고 정평이 난 일도 내가 잘 못하면 재미가 없다. 반대로 남들은 지루해하는 일도 내가 잘하면 재미있을 수 있다.

다만 여기에서 기술의 중요성을 간과하는 사람이 많다. 대부분이 그릿을 열정의 문제라고 오해하지만 사실은 기술의 문제다. 첫째와 둘째가 어렸을 때 피아노를 가르쳤는데 아이들은 단 한 번도 피아노 연습을 하지 않았다. 피아노 말고도 재미있는 게 너무 많았던 것이다. 오로지 선생님과 함께하는 시간에만 쳤는데 그렇다고 싫어하지는 않아서 체르니 30까지는 마치고 그만두었다.

시간이 흘러 고등학생이 되자 아이들은 밴드부에 들어갔다. 그때 어떤 계기로 건반에 반하게 되었는데 어릴 때 피아노를 배워놓은 경험이 빛을 발했다. 두 아이 모두 이전과 달리 고등학교 때는 시간만 나면 피아노를 쳤다. 실력이 크게 늘었던 것은 물론이고 둘 다 아직도 피아노가 취미다. 지금도 집에 모이면 피아노와 노랫소리로 떠들썩하다.

열정적 끈기는 역량이 전제되지 않으면 몸에 붙일 수 없다.

즉 체르니까지는 미친 듯이 연습해야 한다. 그 기술이 몸에 붙으면 자유자재로 연주할 수 있게 되면서 자유를 느낀다. 그다음에 열정적인 끈기가 생기는 것이다.

자신은 끈기가 없다고 자책하며 쉽게 포기하는 사람들이 있다. 끈기가 없는 것이 아니라 끈기의 기술을 모르는 것이다. 기술을 미리 익혀놓고 내가 정말 좋아하게 됐을 때만 해도 된다. 그 고비만 넘기면 누구나 그릿을 손에 쥘 수 있다.

| 다양한 활동으로 그릿을 키워라 |

아이들이 그릿을 경험하게 하는 좋은 방법이 예체능 교육이다. 예체능의 대부분은 기술을 필요로 한다. 연습하고 인내하면서 기술을 몸에 붙이면 재미를 느끼고 시키지 않아도 열중하게 된다. 그러면 일생을 살아가면서 무슨 일을 하든 그릿을 발휘할 수 있다.

앞서 말했듯 우리 사회에서는 인지 학습을 중심으로 하는 이론지만을 강조하는 문화가 깔려 있다. 입시에 치우쳐서 학교에서 예체능 교육을 소홀히 하는 것이다. 이와 달리 미국과 유럽에서는 예체능을 포함한 다양한 클럽 활동이 활성화되어 있다. 학생들은 자신의 관심사를 탐구하고 사회적 기술과 협업 능력을 발달시킨다. 무엇보다 다양한 활동을 통해 그릿을 키운다.

아이들뿐 아니라 성인이라도 예체능 활동을 통해 장기적인 목표를 향한 열정과 지속적인 노력을 개발할 수 있다.

나는 일본에서 유학하던 시절에 도쿄 세타가야 구의 청소 노동자들에게 한국어를 가르치는 아르바이트를 했다. 그때 내가 가르치던 사람들과 상당히 친해져서 주말에 같이 놀러 가자는 제안을 받았다. 그들은 무엇을 하고 노나 봤더니 강에서 윈드서핑을 하는 게 아닌가. 또 한번은 비포장도로에서 바이크를 타고 드라이브를 했다.

당시 내 경험으로 청소 노동자가 윈드서핑이나 바이크를 취미로 즐긴다는 게 무척 신선했다. 우리의 관점에서 보기에는 고급 취미이지만, 그들에게는 그렇지 않았던 것이다. 바이크 같은 경우에는 집에 주차 공간이 없으니 바이크 가게에 맡겨 놓고 탄다. 그리고 매월 회비를 걷어 운영하는데 윈드서핑도 비슷한 방식으로 운영해 큰돈이 들지 않았다.

학회 방문차 스페인 톨레도에 갔을 때도 인상 깊은 일이 있었다. 톨레도는 소도시인데, 내가 묵은 호텔 맞은편에 마을 하나를 새로 만들고 있었다. 그 마을을 돌아봤더니 중심에 큰 체육관과 수영장, 도서관, 공연장을 가장 먼저 짓는 중이었다. 당시 그 마을의 추정 인구를 2만 명 정도로 보고 있었는데 2만 명을 대상으로 그런 문화 체육 시설을 가장 먼저 확보해 주는 것이다.

이런 것들을 볼 때마다 굉장히 부럽고 아쉬운 마음이 들었다. 한국도 이런 사회가 되었다면 얼마나 좋았을까. 어떤 직업을 가졌든 일상에서 취미와 놀이, 문화를 즐길 수 있다면 돈을 버는 이유가 달라질 것이고 삶을 다른 방식으로 설계하게 될 것이다. 그래서 나는 남녀노소 할 것 없이 예체능을 취미로 가져보길 권한다.

"저는 돈도 시간도 없어요."

천만의 말씀. 요즘은 동호회가 활성화되어 있어서 마음만 먹으면 큰돈 들이지 않고도 얼마든지 새로운 기술을 배울 수 있다. 시간도 마찬가지다. 누워서 유튜브 알고리즘이 추천하는 영상을 보는 데 쏟는 시간을 반만 줄여도 충분히 취미를 가질 수 있다.

특히 스포츠를 추천하는데, 내가 아는 한 중년 여성은 숨 쉬는 것 외에 운동을 해본 적이 없다고 했다. 어려서부터 부모가 딸은 예쁘게 커야 한다며 과격하게 움직이는 활동은 시키지 않았다는 것이다. 그런데 나이를 먹고 우연히 배드민턴을 쳤다가 자기도 모르는 운동 재능을 발견했다. 그때부터 온갖 스포츠를 즐기며 전보다 훨씬 활기찬 생활을 하고 있다.

운동이라는 작은 취미를 통해서 그릿을 손에 쥐면 무슨 일을 하든 목표를 달성하기 위해 지속적인 노력을 기울이는 힘이 생긴다. 자신의 능력을 발견하고 계발할 수도 있다. 단순한 취미를 넘어 자기계발과 자아실현을 이루는 중요한 도구가 될 수도 있다. 삶의 여러 영역에서 긍정적인 변화를 경험할 것이라고 확신한다.

| 그릿과 기록, 그리고 용기 |

내가 운영하는 아이캔대학에서 수업을 듣는 사람 중에 어떤 이가 나에게 말했다. 자신은 글을 잘 쓰고 싶은 욕망이 있어서 한 달쯤 꾸준히 글을 썼다고 한다. 그러나 시간이 지나도 글 쓰는 솜씨가 늘지 않고, 역시 자신은 재능이 없다는 생각이 들어서 포기했다고 말이다. 그는 이제 어떻게 하면 좋을지 물었다.

나는 그에게 우선 한 달간 매일 한 문장씩 쓰라고 권했다. 그 다음 한 달 동안은 자기 생각을 한 문단으로 써보라고 했다. 이게 익숙해지면 다음 한 달 동안은 문단을 두세 개쯤으로 연결해서 길게 쓰라고 했다. 이것도 할 수 있게 되면 주제를 던져주고 그것에 대해 한 장을 써보라고 할 것이다.

여기까지 오면 글쓰기가 약간은 재미있어질 것이다. 능력이 향상되었기 때문이다. 그다음부터는 시키지 않아도 글을 쓰게 된다. 무엇이든 처음 3개월이 제일 어렵다. 지루한 기술 습득의 시간을 참아야 한다. 거기서 내가 역량을 갖출 수 있는지가 결정된다. 나는 이것을 '깔딱 고개'라고 부르는데 그 고개를 딱 넘으면 재미를 느끼기 시작하고 상상 이상으로 실력이 는다.

나는 기록이라는 무기를 갖고 있고, 그릇을 활용할 줄도 안다. 필요할 때는 완전히 몰입해서 뭔가를 집중적으로 해낼 수 있다. 또한 교수직을 그만두는 것처럼 과감하게 주류의 삶을 포기할 줄도 안다. 그렇기 때문에 자유롭고 행복하며 경제적으

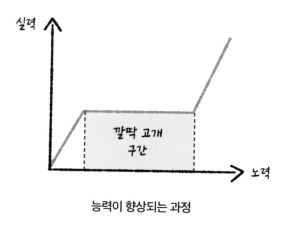

능력이 향상되는 과정

로도 부족함이 없다. 누구나 나처럼 할 수 있다. 자신의 인생에 만족하고, 사람들을 사랑하면서, 세속적 성공도 이룰 수 있다. 이것들이 서로 상충한다고 착각하는 사람이 많은데 모두 이루어낼 수 있을뿐더러 서로 긴밀하게 연계되어 있다.

빡빡해 보이는 자본주의 사회에도 분명 틈새가 있다. 그 틈을 치고 나가려면 세 가지를 가져야 한다. '그릿'과 '기록', 그리고 '관성을 버리는 용기'다. 당신이 지속적으로 노력하는 바를 기록해 보라. 무엇이든 좋다. 어제보다 더 나아진 점, 집중해야 하는 포인트 등 기록은 그릿을 키울 수 있도록 도와주는 가장 효과가 좋은 도구다. 운동선수가 운동일지를 쓰는 것처럼 의식적 훈련과 기록은 떼려야 뗄 수 없는 관계다.

포기하고 머물러 있기보다는 더 나은 사람이 되려고 해보자. 내가 절실히 원하는 것이 무엇인지 생각하면 실행력은 자연스럽게 올라간다. 그 과정에서 인생에 대한 자신과 확신이 생길 것이다.

그릿

저자의 키워드	내가 발견한 키워드
✓ 유전자와 이론지 / 그릿과 실천지 ✓ 동기 부여와 결심, 노력의 지속 ✓ 기술 습득과 자유, 기쁨의 순간	

키워드에 대한 나의 경험이나 생각

저자의 인생관
성공은 타고난 환경에서 오는 것이 아니라 실천지와 그릿에서 오는 것임을 깨닫고, 열정적 끈기로 나만의 기술을 습득해 주체적으로 삶을 개척하자.

나만의 인생관

일에서 의미를
찾을 수 있을까?

나는 어려서부터 다른 사람들과 지식을 나누는 것이 참 즐거웠다. 학창 시절에는 친구들에게 공부를 가르쳐주었고, 대학에 가서는 야학을 통해 노동자들을 가르쳤다. 결국은 교수가 되어 대학원생들을 가르치게 되었는데 그 후 다양한 집단을 대상으로 강연을 하면서 내가 사람들이 성장하도록 돕는 데에 큰 기쁨과 보람을 느낀다는 걸 깨달았다. 사람들과 상호작용하면서 그들의 삶에 긍정적인 영향을 끼치고 다 함께 성장하는 것. 이것이 나에게 소명처럼 다가왔다.

이와는 별개로 나는 늘 세상 이곳저곳을 여행하는 꿈도 꾸었다. 특히 다양한 나라를 돌아다니면서 한국 사회에서는 하지 못하는 많은 경험을 하고 싶었다. 처음에는 단순히 개인적 차원의 꿈이었지만 점점 그렇게 얻은 경험을 다시 사람들과 나누고 싶다는 열망이 커졌다. 이렇게 목표가 뚜렷해질 무렵 나는 새로운 꿈을 적을 수 있었다.

> 내 꿈은 이타성의 자기계발을 돕는 10만 네트워크 운영자, 그리고 인간과 자연의 존재를 만나는 자유로운 여행 작가다.

물론 꿈을 이루겠다고 당장 교수직을 그만두지는 않았다. 대신 내 꿈을 이룰 사업체를 만드는 준비를 하나씩 실행했다. 2년여에 걸쳐 꿈과 현실을 병행해 나가다가 마침내 결단을 내렸다.

내가 교수직을 그만둘 때 주변 반응은 한마디로 "미친 거 아냐?"였다. 하지만 나는 망설임이 없었다. 정말 하고 싶은 일이었기 때문에 고민이 없었다. 그리고 지금은 꿈을 실천하면서 일도 하고 돈도 벌게 되었다.

"내가 하고 싶은 일을 하면서 돈을 벌고 싶다!"

이건 누구나 바라는 바이지만 그만큼 힘든 일이기도 하다. "교수님 정도 되니까 그럴 수 있는 것 아니냐"라고 말하는 사람도 있을 것이다. 일을 통해 자아실현을 한다는 건 정말 불가능한 일일까?

│ 우리가 일하기 싫은 이유 │

산업혁명 이전까지만 해도 대다수 사람들이 자영농이나 수공업자로 일했다. 손으로 직접 물건을 만들고 노동의 결과물을 보면서 만족감을 느낄 수 있었다. 자신의 일정과 노동 방식을 스스로 결정하는 자율성도 높았다. 그러니 노동이 자아실현에 기여할 가능성은 오히려 지금보다 가난했던 옛날이 더 높았다고 볼 수 있다.

그러나 산업혁명이 시작되면서 노동의 모습은 크게 변화하기 시작했다. 공장의 도입으로 노동이 자동·표준화되었고 생산 과정에서 개인의 기여도나 창의성은 줄어들었다. 마르크스는 바로 이 점을 비판했다.

그는 노동을 인간이 자아를 실현하고 자기 자신과 세계를 연결하는 수단으로 보았다. 노동이 단순히 경제적 수단을 넘어 인간의 본질적 특성과 긴밀하게 연결되어 있어 자신의 능력을 발전시키고 삶을 의미 있게 만든다고 본 것이다. 그런데 자본주의 아래에서는 노동이 인간을 소외시킨다. 노동자가 자신이 생산하는 상품이나 서비스에 대한 통제권을 잃고 자본가에게 기계 부품처럼 사용되면서 자신의 노동과 분리된다. 이로 인해 인간은 자신의 본질로부터 멀어진다.

이와 달리 막스 베버는 노동과 자본주의의 발전을 합리성과 규율, 그리고 이성적 조직의 측면에서 분석했다. 직업을 소명으로 보는 관점이 노동을 신에 대한 의무로 만들었으며 세속적 성공을 신성한 목표로 추구하면서 자본주의가 형성되었다고 본 것이다.

베버의 이론을 기반으로 미국의 사회학자 탤컷 파슨스(Talcott Parsons)는 구조기능주의라는 이론적 틀을 미국에 정착시켰다. 구조기능주의는 사회를 하나의 복잡한 시스템으로 보고 각 구성요소가 저마다의 기능을 수행하면서 전체 시스템이 생존하고 효율성을 가진다고 본다.

쉽게 말해 우리가 각자 맡은 일을 하면서, 그 안에서 돈을 더 많이 벌고 계층 상승을 하기 위해 끊임없이 노력하는 게 진정한 삶의 의미라는 것이다.

기계화와 자동화가 진행되면서 20세기 구조기능주의가 미국을 지배했고 이 사상은 현재까지 한국 사회를 지배하고 있다. 그러나 베버와 파슨스의 노동론은 가치를 배제하고 효율성을 강조하며, 사람을 부품시하는 풍조를 정당화하는 한계가 있다.

그래서 점점 더 많은 사람이 일에서 의미를 찾지 못하고 일에 대해 연결감이나 자기통제력을 느끼지 못한다. 당연히 만족

감을 느끼기도 힘들다. 결국 '내가 이 일을 왜 하고 있지?'라는
생각이 들게 된다.

| 노동이 실천이 될 수 있을까? |

독일 출신의 유대인 철학자 한나 아렌트는『인간의 조건』이
라는 책에서 현대사회의 노동에 대한 철학적 고찰을 담고 있
다. 이 책에서 아렌트는 인간 활동의 세 가지 기본 형태를 노동
(labor)과 작업(work), 실천(practice)으로 나눈다.
  생존을 위해 어쩔 수 없이 하는 것이 '노동'이고, 자기 영역
의 전문성을 발휘해 무엇인가를 만들어내는 행위를 '작업'이라
고 한다. 그리고 어떤 행위에 가치를 부여해서 그 가치를 실현
하는 것을 '실천'이라고 한다.
  그런데 현대사회에서 사람들은 노동과 소비에 지나치게 치
중하면서 작업과 실천의 가치를 잘 느끼지 못하게 된다는 것
이다. 노동해서 번 돈으로 소비하고 다시 돈을 벌기 위해 일터
로 나간다. 이런 노동과 소비의 반복이라는 덫에 걸린 사람이
인간답게 살 자유를 누릴 리 만무하다. 그 덫에서 빠져나오기
위해서는 '실천'할 수 있는 것을 만들어야 한다. 그게 인간의

조건이다.

앤절라 더크워스의 『그릿』에 보면 세 벽돌공 이야기가 나온다. 어느 날 한 사람이 길을 걷다가 세 명의 벽돌공이 일하는 현장을 지났다. 그는 세 명이 일하는 모습을 보고 각각에게 같은 질문을 했다.

"당신은 무엇을 하고 있습니까?"

첫 번째 벽돌공은 "벽돌을 쌓고 있습니다"라고 답했다. 그는 생존을 위한 노동을 하고 있었던 것이다. 두 번째 벽돌공은 "교회를 짓고 있습니다"라고 답했다. 그는 자신의 역할을 인식하며 '벽돌 쌓기'라는 직업적 행위를 하고 있었다. 세 번째 사람은 "하느님의 성전을 짓고 있습니다"라고 답했다. 그는 실천을 행하고 있었던 것이다.

동일한 일을 하더라도 어떤 태도와 관점을 갖느냐에 따라 성과에 큰 영향을 미친다. 내가 하는 일이 의미 있고 큰 목표나 가치에 기여한다고 생각하면 더 큰 만족감과 성취감을 느끼는 것은 당연하다.

일을 할 때 내가 '실천'을 하고 있는지 끊임없이 자기를 성찰해 보자. 어떻게 하면 일이 소명이 될 수 있을지 궁리해야 한다. 노동이 실천이 되는 방법에는 크게 두 가지가 있다.

첫 번째는 '꿈'이다. 내 꿈을 이루는 과정이라면 노동도 실천이 된다. 다시 말해 나의 꿈이 지금 내가 하는 일의 핵심 가치, 또는 내가 일하는 조직 전체의 핵심 가치와 비슷하거나 일치하면 비로소 노동은 실천이 되는 것이다.

두 번째는 '성장'이다. 실천에는 성장이 따라야 한다. 일을 하면서 그냥 '나는 실천을 하고 있어'라고 생각만 하는 게 아니라 노동 과정을 통해 지식이나 능력이 성장해 가야 하는 것이다. 예를 들어 노동 시간을 줄이고자 노력한다면 효율적인 업무 방법을 찾아나갈 것이고 이 과정에서 자신의 기술과 지식이 늘어갈 것이다. 이때 사람들은 노동의 기쁨을 느낄 수 있다.

| 내가 하는 일의 의미를 측정하라 |

만약 지금 아무 고통 없이 죽을 수 있다면 당신은 죽을 것인가, 아니면 이대로 살 것인가? 죽기로 결정했다면 그건 삶에 어떠한 의미도 찾지 못했기 때문이다. 반대로 살기로 선택했다면 그 이유는 지금의 삶에 어떠한 '의미'가 있기 때문일 것이다. 작든 크든 의미가 있어야만 이 삶을 살아가는 근거가 생긴다.

살아야 하는 이유를 10이라고 본다면 의미가 8, 재미가 2에 해당한다. 아무리 재미있어도 의미가 없으면 사는 게 힘들다. 더군다나 재미로만 가득한 삶은 현실적으로 불가능하기도 하다. 결국 우리는 의미 있는 행위에 재미를 결합해야 한다.

의미와 재미의 결합은 우리 주변에서도 쉽게 볼 수 있다. 예를 들어 나는 친구와 커피를 마시며 대화 나누는 걸 참 좋아한다. 그리고 기부라는 의미 있는 행위도 추구한다. 그렇다면 수익금의 일부가 기부되는 카페에서 친구를 만나 커피를 마시면 되는 것이다.

일에서도 의미와 재미는 굉장히 중요하다. 누군가 당신에게 무슨 일을 하는지, 왜 그 일을 하고 있는지 물었을 때 당신은 뭐라고 대답할 것인가. "그냥, 어쩌다 보니까"라고 말하는 사람도 많을 것이다. 이런 생각이 든다면 자신에게 던져보아야 할 질문이 있다.

"이 일은 내가 하고 싶어서 하는 것인가, 아니면 그냥 하고 있으니까 하는 것인가?"

일에서 의미를 찾으려면 어떠한 목표를 정하고 내가 그 방향으로 잘 나아가고 있는지 끊임없이 질문해 보아야 한다. 그러지 않으면 관성에 젖어 살다가 어느 순간 일의 의미를 완전히 잊어버리는 것은 물론 일하는 삶이 고통으로 가득 찰 것이다.

물론 현재의 일에서 당장 큰 의미를 발견해 내는 것은 쉬운 일이 아니다. 그렇다면 아침에 출근하며, 혹은 집에 돌아와서 '이걸 내가 왜 하고 있지?' 계속 질문하고 사유해 보자. 그리고 매일의 노동에서 작은 의미와 재미를 하나씩 찾아보자. 여러분도 벽돌을 쌓으면서 "하느님의 성전을 짓고 있습니다"라고 말할 수 있는 사람이 되고 싶지 않은가.

누군가는 내 일에 의미가 있다고 자신 있게 말할 것이다. 혹자는 자신이 잘못된 의미를 맹목적으로 따라가지 않을까 걱정할 것이다. 어느 순간 내가 좇던 의미가 허망하다는 걸 깨달을까 봐 두려울 수 있다. 정말 나를 충족시켜 줄 수 있는 일이 맞는지 확인해 보고 싶다면 다음의 두 가지를 체크해 보라.

1. 목표를 달성했을 때의 '만족감' 파악하기

유학을 떠나 본격적인 공부를 시작했을 때 나는 박사학위를 받는 데 가장 큰 의미를 두었다. 박사학위만 받으면 뭐든지 할 수 있을 것 같았다. 그런데 막상 학위를 받고 나니 그 기쁨이 일주일밖에 가지 않았다. 그렇게 절실했는데 일주일 만에 무감해지다니 참으로 허무했다.

처음 교수가 되었을 때는 2년 정도 만족감이 유지되었다. 무슨 차이가 있나 생각해 보니, 학생들을 가르칠 수 있는 권한과 연구실이라는 보상이 있어서 더 오래 나의 마음을 충족시켜 준 것이었다.

그 후로 교수 생활을 계속하다 보니 승진을 해야 한다는 압박이 들어왔다. 다른 것에는 신경을 쓰지 않고 내가 하고 싶은 연구와 활동만 하기 위해 정년 보장 교수가 되어야겠다는 생각이 들었다. 그렇게 6년에 걸쳐 목표를 이루고 나니 그 기쁨도 일주일밖에 가지 않았다.

이런 경험을 하면서 깨달은 점은, 내가 어떤 목표를 달성했을 때 그것이 가져다줄 기쁨이 많은 부분 착각이었다는 사실이다.

지금 자신이 하고 있는 일에 대해 생각해 보자. 목표를 달성했을 때 과연 우리는 얼마나 오래 기쁠까? 혹은 달성하지 못하더라도 과정만으로 충분히 만족감을 얻을 수 있는가?

2. '나-타인-사회'의 세 가지 층위로 생각하기

만족감의 크기가 크고 오래 지속될 수 있는 일은 어떻게 찾을까? 다음의 세 가지 층위로 스스로에게 질문을 던져보면 된다. '① 나에게 좋은가? ② 남들에게 좋은가? ③ 사회에도 좋은가?' 나와 타인, 사회에까지 긍정적인 영향을 준다면 일의 의미도 커지고 만족감 또한 높아질 것이다. 반대로 나에게만 한정되는 것이라면 의미는 반감된다.

예를 들어 나에게는 수많은 강연 요청이 들어온다. 사정상 모든 강연에 다 응할 수는 없기에 나는 보통 위의 세 가지 층위에서 질문을 던져보고 판단한다. 돈도 중요한 판단 기준이지만 그건 부차적인 요소일 뿐이다. 그보다 그 강연을 하면 나와 타인과 사회에 의미가 있는가를 가지고 결정한다. 의미 있는 강연을 했을 때 나에게 올 기쁨의 크기와 지속력이 얼마나 클지 이미 잘 알고 있기 때문이다.

| 자기 혁신을 추구하라 |

직장인인 당신이 다른 회사에서 이직 제의를 받았다고 가정해 보자. 연봉을 10퍼센트나 올려준다고 한다. 이 회사는 현재 근무하는 회사보다 규모도 훨씬 크다. 그러나 규모가 큰 대신 직무가 분업화되어 있다. 마치 컨베이어벨트에서 일하는 것처럼 내가 할 일이 전체 중 극히 일부로 정해져 있고 퇴직할 때까지 그 일만을 반복해야 한다.

반면 지금의 회사는 당신이 모든 과정에 관여하며 일한다. 그래서 일이 많긴 하지만 해당 산업에 관련된 대부분의 역량을 키울 수 있다. 이런 경우 어느 회사를 택하겠는가?

일을 소명으로 느끼고 일하는 것에 의미가 있으려면 내가 그 일을 함으로써 '성장'해야 한다. 역량을 키운다는 건 끊임없이 자기 혁신을 추구하는 것이다. 좋아하는 일을 찾았더라도 제자리걸음만 한다면 그 일에서 찾은 의미는 금세 사라져 버린다.

내가 기록대학원을 처음 만들었을 때 학교에 교수가 나 혼자였다. 그래서 교수들을 채용하면서 그들에게 핵심 과목을 맡기고 나는 계속 새로운 과목을 만드는 역할을 자청했다. 그 후 강의를 개편하면서 새 과목의 개발을 교수들에게 맡겼는데 사람마다 반응이 상반되었다. "힘들긴 하겠지만 의미 있을 것 같습니다"라고 하는 사람이 있는가 하면, "또 새로운 과목을 맡기면 어떡해요"라며 꺼리는 사람도 있었다.

시간이 지나고 당연히 전자의 교수들이 훨씬 더 큰 학자로 성장했다. 그들은 스스로 연구해서 새로운 과목을 개설하고 이를 통해 자신의 연구 영역을 확장했다.

앞의 이직 사례도 마찬가지다. 큰 회사에서 좁은 범위의 직무만 하는 것이 더 편할지는 모르나 역량을 성장시키기는 힘들다. 장기적인 관점으로 봤을 때 다양한 업무 경험을 쌓으며 전문성을 확장하는 것이 훨씬 도움이 되는 경력이다. 안주하는 사람은 성장하지 못한다.

자기 혁신은 자기 자신을 계속해서 발전시키고 개선하는 과정이다. 새로운 기술을 배우고, 새로운 아이디어를 탐구하며, 자신의 한계를 시험하는 것이다. 이런 과정에서 더 많은 기회가 열리며 성장할 수 있다.

어떤 일을 하든 자기 혁신의 삶을 살면 반드시 성공한다. 단순히 성공을 넘어 자아실현과 깊은 만족감을 경험하는 것. 이것이 일이 가지는 의미의 핵심이다.

일

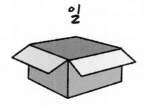

저자의 키워드	내가 발견한 키워드
✓ 분업화되고 분절화된 노동 ✓ 노동 / 작업 / 실천 ✓ 일과 내 삶의 핵심 가치가 일치하는가 ✓ 일의 과정에서의 자기 혁신	

키워드에 대한 나의 경험이나 생각

저자의 인생관
내 인생의 핵심 가치와 일치하는 일을 하면서 그 과정에서 성장의 기쁨을 느끼 는 실천의 삶 살아가기.

나만의 인생관

어떻게 도구가 아닌
주체로 살아갈 것인가?

"왜 하필 기록을 전공하셨어요?"

이런 질문을 받을 때마다 그간의 세월을 곰곰이 생각해 본다. 무엇이 나를 기록으로 이끌었을까. 기록은 학자인 내가 이론에 갇히지 않고 사회적으로 실천할 수 있는 장을 열어줬던 최고의 도구임은 분명했지만, 그것을 넘어 삶의 도구로 '기록'을 선택하게 된 것은 단순하게 말하자면 사회 구조에 휘둘리지 않는 '주체'로 살고 싶었기 때문이다.

내가 막 대학에 들어간 1979년은 격동의 시기였다. 1학년 때 박정희 대통령이 죽었고 2학년 때는 광주 민주화운동이 일어났다. 그 시대의 여느 대학생이 그랬듯 나는 수업이라곤 거의 들어가지 않고 거리로 나섰다.

당시에는 다들 야학을 했는데, 나도 구로공단에 있는 배터리 만드는 회사에서 여공들에게 공부를 가르쳤다. 그때 십 대의 어린 친구들이 나와 전혀 다른 삶을 살아가고 있다는 사실을 알게 되었다. 그들의 하루하루는 생존에 직결되어 있었다. 일을 하며 부당한 일을 당해도 입 밖에 낼 수 없었다. 무엇인가를 꿈꾼다는 것은 현실에 있을 수 없는 일이었다.

그런 일들을 보고 겪을 때마다 나는 가슴이 답답했다. 그래서 점점 사회적이고 이타적인 실천에 더 무게를 두게 되었다. 그러나 내가 아무리 불합리한 구조와 뜨겁게 부딪치며 거리를 헤매도 세상은 변하지 않았고 나도 뭘 해야 할지 몰랐다.

그 무렵 나는, 요즘 식으로 얘기하면 진보적인 학자가 되어서 사회적 실천이나 이타성을 실현하겠다는 목표를 세웠다. 유학을 하면서 일본 도쿄대의 역사학 분과에 '기록학'이 있다는 사실을 알게 되었다. 기록학자가 되면 한국에서 실천할 게 많겠다 싶었다. 그렇게 기록학 공부를 시작했고 한국 최초의 기록학자가 되었다.

우리 인생을 돌이켜 보면 자신이 주체로서 선택한 대로 삶이 흘러가는 경우는 거의 없다. 우선 부모의 직업이나 가정환경에 많은 부분이 좌우된다. 같은 시대에 태어나서도 누군가는 학자의 길을 간 반면, 누군가는 공단에서 노동자의 삶을 살아갈 수밖에 없었던 것은 단순히 개인의 선택이 아니다.

사람은 주어진 환경과 정해진 선택지 안에서 하나를 택해 살아간다. 개인의 노력이 중요하다고는 하지만 누구에게나 환경적 요인이 가장 큰 변수임은 틀림없다. 이러한 세상에서 내가 내 인생의 주체로 살 수 있을까?

| 사회 구조와 개인, 누가 주인인가? |

이 문제를 두고 이미 1960년대 프랑스에서 논쟁이 한번 붙었다. 장 폴 사르트르의 실존주의와 클로드 레비스트로스의 구조주의가 맞선 것이다.

사르트르의 실존주의는 "존재(existence)는 본질(essence)에 앞선다"라는 말로 대변된다. 근대 철학에서는 정해진 본질이 존재하며 사람은 그 본질을 좇아야 한다고 생각했다. 그러나 사르트르는 사람이 먼저 존재하며 스스로 자신의 본질이나 정체성을 만들어간다고 주장했다. 정해지거나 주어진 절대적인 본질은 없고 주체인 사람이 본질을 형성해 간다는 것이다.

쉽게 비유하면 우리는 태어났을 때 모두 백지 위에 서 있고 그 위에 자기만의 그림을 그려가는 것이다. 그렇기 때문에 '어떤 그림을 그려가는가' 하는 실존적 삶의 방식은 사람마다 다르다. 사르트르의 주 저서 『존재와 무』의 제목도 백지(무) 위에 주체(존재)가 인생을 그려간다는 의미를 담고 있다.

또한 실존주의에는 '기획(project)'과 '투사(projection)'라는 개념이 있다. 기획은 자신의 삶에 대해 가지는 계획이나 목표를 의미한다. 그리고 투사는 자신의 기획을 현실로 옮기려는 의도적인 노력을 말한다. 자신의 미래를 기획하고 투사함으로써 삶의 의미와 방향을 스스로 결정해야 한다는 것이다.

그러나 레비스트로스는 이런 실존주의의 주장이 현실과 맞지 않는다고 생각했다. 세상이 돌아가는 걸 보면 내 자유 의지로만 되는 일이 별로 없지 않은가. 따라서 개인의 자유와 선택의 중요성을 강조한 실존주의와 달리, 그는 사회적 현상과 패턴에 관심을 뒀다. 개인의 사고와 문화를 구성하는 근본적인 '구조'가 있다고 본 것이다.

이 논쟁은 현재도 계속되고 있다. 그러나 여기서 우리가 알아야 할 것은 어느 쪽의 주장이 맞는지가 아니다. 세상 모든 것이 구조의 힘만으로도, 개인의 힘만으로도 결정되지 않는다. 구조와 개인이라는 주체가 상호작용해서 결과를 만들어낸다고 보는 것이 현실에 가깝다.

이런 관점은 영국의 사학자인 E. H. 카의 『역사란 무엇인가』에서 잘 나타난다. 이 책의 핵심은 역사에 구조가 작동한다는 것이다. 그는 역사가 어떤 영웅적 인물의 행위나 대사건의 발생 등에 의해 형성되는 것이 아니라, 사회 구조에 의해 큰 틀이 형성되어 간다고 보았다.

역사학 사조에는 사실주의와 주관주의가 있다. 사실주의는 역사적 사실 외에 역사가가 아무 해석도 제시해서는 안 된다고 주장하는 반면, 주관주의는 역사가의 해석만이 역사일 수 있다고 주장한다.

E. H. 카는 두 가지를 접합하고자 했다. 즉 사실에 근거하되 그것을 역사가가 주관적으로 해석함으로써 역사적 사실로 등극하게 된다고 주장한 것이다. 역사가의 주관적 해석은 현실에 대한 역사학자의 인식에서 나오기 때문에 결국 역사는 과거와 현재의 대화라고 볼 수 있다.

E. H. 카는 역사를 '구조의 산물'이라고 한 동시에 구조 안에서 인간이 끊임없이 기술을 개발하고 어떤 바람을 추구하며 살아간다는 사실에도 주목했다. 구조를 어떤 방향으로 변화시키는가는 인간에게 달려 있다는 뜻이다. 결국 개인의 노력과

의지가 구조와 상호작용하면서 미래가 구축된다고 보았다.

그럼 개인이 구조를 바꿀 수 있단 말인가? 그렇다면 세상의 변화를 이끄는 주체는 누구인가? 이 문제에 대해 깊이 고민했던 사람이 바로 프랑스의 사학자인 페르낭 브로델(Fernand Braudel)이다. 브로델은 역사를 표층과 중간층, 심층으로 나누어 설명한다. 표층은 '사건'이고, 중간층은 '구조'다. 그리고 심층은 '사람들의 마음이나 습관, 문화'다. 사람들의 마음이나 습관 혹은 문화가 오랜 시간 쌓여서 어느 시점부터 조금씩 구조를 바꾼다. 어떤 사건이 일어나면, 그 사건은 기본적으로 구조가 작동한 결과이지만 사건의 성격과 특성에는 사람들의 마음이나 문화가 영향을 끼친다.

한국에서 대표적인 사례로 광주 민주화운동을 들 수 있다. 당시에는 실패한 운동이었지만 사람들의 마음, 즉 억울함과 최소한의 민주주의적 문화 속에서 살고 싶다는 열망이 심층에서 작동하고 있었다. 진압으로 인해 서울에서는 모두가 도망친 와중에 광주만 운동을 계속했고, 그 때문에 모든 무력이 광주에 집중된 상황이었다. 서울에 사는 대학생의 한 사람으로서 아무것도 하지 못했다는 죄의식은 내 마음속에 항상 짐처럼 남아 있었다.

이런 죄의식과 변화를 향한 열망, 더 나은 사회를 위한 크고 작은 노력들, 그리고 습관과 문화의 조용한 변화들이 쌓이고 쌓여 지금 우리는 현재의 민주주의 사회에 살고 있다. '사람들의 마음'이라는 심층이 작동해 변화를 만들었던 것이다.

달걀로 무수히 바위를 치면 바위는 반드시 깨진다. 우리 눈에는 끊임없이 실패하는 것처럼 보이고 나 하나 정도는 아무 힘도 되지 않을 것 같을지언정 개개인의 작은 행동과 생각이 역사를 형성하는 핵심이다. 브로델의 이론은 '역사의 주체는 민중'이라는 말이 허언이 아님을 증명했다고 볼 수 있다.

| 우리는 거대한 뿌리식물과 같다 |

우리는 태어나고 보니 사회 속에 존재한다. 내 삶에 환경과 사회 구조 등이 계속 작용하고 영향을 미친다. 그러나 그 안에서 자유 의지로 삶을 개척해 간다. 이때 삶을 단단히 조여 매고 내가 원하는 방향으로 조타(操舵)해야 한다.

살면서 구조의 영향을 받지 않을 수 없지만 반대로 개인도 구조에 영향을 미칠 수 있다. 어떻게 구조에 영향을 미칠 것인가? 우선 직접적인 참여를 할 수 있다. 알다시피 대의민주주의에는 한계가 있다. 투표를 통해 우리를 대표하는 정치인을 뽑아도 정치가 내 뜻과 다른 경우도 많다.

직접적으로 참여할 수 없으니 이는 정치적 무관심으로 흐른다. 이것은 우리나라만의 문제가 아니다. 전 세계적으로 비슷한 양상을 보이고 있다. 그래서 시민단체를 만들거나 국민청원 제도 등을 통해 적극적으로 사회참여를 하기도 한다.

그러나 일상을 살아가기도 바쁘기 때문에 이렇듯 적극적으로 참여할 수 있는 사람은 많지 않다. 적극적으로 참여하지 않아도 구조를 바꾸는 길이 있다. 브로델이 말한 것처럼 개인이 생각을 바꾸는 것도 세상을 변화시키는 데 도움이 된다. 사회에 도움이 되는 인생관을 가지고 살아가는 것이 세상을 바꾸는 일이기도 하다. 중요한 건 얼마나 사회참여 활동을 하느냐, 혹은 정치에 관심이 많으냐가 아니라 올바른 기준을 가지고 내 삶을 바람직하게 살아가고 있느냐이다.

나를 둘러싼 구조를 둘러보라. 회사에서 상사가 올바르지 않은 일을 한다면 어떻게 해야 할까? 그러면 불이익을 감수하고서라도 거기에 저항할 수 있어야 한다. 집에는 가부장적인 아버지가 버티고 있다면? 부당하게 내 삶을 제한하는 그 힘에도 저항해야 한다. 아버지가 집안일을 안 하면 분담 체계를 짜서 의지를 관철해야 한다. 남편이라고 해도 마찬가지다. 가정은 구조 혁신을 이루는 출발점이고 가장 쉬운 영역이다. 가정의 구조부터 혁신하지 않고 삶을 올바르게 끌고 가는 건 불가능하다.

그러나 대부분의 사람들이 남편 욕, 부모 욕, 상사 욕만 할 뿐 정작 구조를 바꾸려 하지 않는다. 가장 가깝고 작은 구조에서부터 혁신하지 않으면 삶은 한 걸음도 나아지지 않는다. 물론 관성에서 벗어나 변화를 꾀하는 것이 두려울 수 있다. 그래도 두려움을 극복하는 편이 평생 내 것이 아닌 삶을 사는 것보다는 훨씬 낫다. 만약 몇 년간 노력해 봤는데도 안 된다면 과감하게 집을 떠나라.

나는 '참여'가 굉장히 폭넓은 행위라는 걸 강조하고 싶다. 먼저 내가 구조 속에 살고 있다는 것을 자각하고 변화를 위한 크고 작은 실천을 꾸준히 하길 바란다. 그래야 자유롭게 나다운 삶을 살 수 있다.

세상은 마치 거대한 뿌리식물과 같다. 뿌리식물은 땅속에서 줄기가 자라고 뿌리가 생기는 감자 같은 식물이다. 개인은 이 거대한 식물의 뿌리로, 지표면 아래 깊숙이 서로 얽혀 있으며 보이지 않는 곳에서 서로를 지탱하고 영양을 나눈다. 서로 다른 방향으로 성장하며, 자기만의 경험과 환경에서 의미 있는 열매를 맺는다. 이들이 합쳐져 그 식물의 생명력을 만들고 성장을 이룬다.

자기식으로 살되 자기만을 생각하지 말자. 우리 개개인이 큰

식물을 이루는 뿌리라는 점을 기억하라. 그 안에서 유목민처럼 살아가자. 하나의 문화나 구조에 갇히지 말고 이리 뛰고 저리 뛰면서 자유롭게 사는 것이다. 이를 통해 나와 사회가 결합하고 주체와 구조가 융합되면서 비로소 우리 삶이 이루어진다. 이것이야말로 달걀로 바위 치기를 계속하는 일이다.

| 내 인생의 주체가 되는 현실적인 방법 |

지금까지 거대한 구조에 우리도 영향을 미칠 수 있음을 알아보았다. 이 영향은 빠르고 급격한 변화를 가져오지 않는다. 역사 속에서 긴 시간 동안 점진적으로 변할 것이다. 그렇다면 조금 더 현실로 내려와 일상의 압박 속에서 주체적으로 살아갈 방법도 있을까? 한 회사에 묶여 있는 직장인도 가능한 일일까?

"직장인이 어떻게 주체가 될 수 있습니까? 부품처럼 쓰이다 버려지는데요."

단순히 생각하면 그렇다. 회사의 가치를 결정하고, 어떤 물건이나 서비스를 판매할지 판단하고, 프로세스를 설계해 평가까지 완료해야 '주체가 되는 것'이라고 본다면, 회사에서 주체는 사장밖에 없다. 직원들은 모두 도구로서 기능할 뿐이다.

관점을 바꿔서 다르게 바라보자. 회사란 구성원 하나하나가 주체로서 행위한 것의 합이다. 그중 사장의 영향력이 좀 더 강할 뿐이지 회사는 수많은 주체들의 상호작용으로 성장한다. 이렇게 생각하면 내가 어떻게 일할 것인지, 어떤 입장을 취할 것인지가 명확해진다.

여기에서 주체가 된다는 것을 독불장군으로 내 입장만을 내세우거나 고집하는 것으로 오해해서는 안 된다. 중요한 것은 '상호작용'이다. 다른 구성원들과의 상호작용을 통해 회사가 추구하는 가치와 내가 추구하는 가치를 합치해 나가야 한다. 그 과정에서 사장과 의견이 다르다면 내 생각을 주장해서 영향을 미칠 수 있어야 한다.

공동체 속에서도 충분히 주체가 될 수 있다. 주체가 된다는 말은 어디에도 소속되지 않고 혈혈단신으로 살라는 뜻이 아니다. 회사뿐 아니라 가족이나 학교 등에서 관계를 맺으며, 거기에 속해 주체로 살아갈 방법을 찾으라는 것이다.

물론 현실은 이상과 달라서 도저히 말이 통하지 않는 사장도 있고 이익만을 추구하며 직원들을 도구로 취급하는 기업도 있다. 그래도 내가 주체로서 사고하고 행동하기를 포기하면 안 된다. 바위에 달걀을 던져보는 것이다. 당장의 변화는 느끼지 못할지언정 그런 노력만으로 내 역량이 크게 성장하기도 하고, 이직할 때 유리한 위치를 차지할 수도 있다.

| 주체가 되려면 구조를 알아야 한다 |

경영 컨설팅을 할 때 가장 먼저 하는 것이 SWOT 분석*이다. 왜 그럴까? 바로 사회 구조가 어떻게 작동하고 기업에 어떤 영향을 미치는지 '환경'을 파악하고 동시에 주체적 조건들을 점검해 보기 위해서다. 그 안에서 비집고 들어갈 구멍을 찾아내고 미래의 전략을 설정하는 것이다.

우리의 인생도 똑같다. 내가 주체가 되려면 역설적이게도 구조를 잘 알아야 한다. 세상을 살면서 큰 어려움이 닥쳤을 때 '지금 이런 구조가 작동하고 있구나'라는 걸 알아채는 사람과, 구조를 모르고 마냥 힘들어하는 사람은 시련을 받아들이는 태도도, 해결하는 방법도 달라질 수밖에 없다. 구조를 알아야 그 안에서 비집고 들어갈 틈을 찾을 수 있다.

---

* 기업의 강점(strength), 약점(weakness), 기회(opportunity), 위기(threat) 를 분석하는 것을 의미한다.

마치 하나의 기업처럼 개인도 환경 분석을 해보길 권한다. 나를 둘러싼 환경의 기회와 위기, 그리고 나의 강점과 약점을 파악해 보는 것이다. 이렇게 하면 내가 나아갈 방향이 보이고 구체적인 계획이 나올 것이다.

물론 모든 것이 계획대로 이루어지지는 않는다. 환경은 언제나 나보다 강하며, 내가 예측하지 못한 일이 발생하기 마련이다. 들뢰즈는 이를 '우발적 접속'이라고 말한다. 세상은 고정되거나 불변하는 게 아니라 끊임없이 변화하는 우발적인 사건으로 구성돼 있다는 것이다.

우리 삶에는 끊임없이 우발적 접속이 발생하지만, 그것을 또 끊임없이 뛰어넘어야 한다. 그래야 위기를 극복할 수 있고 자기 삶의 주관자로 살아갈 수 있다.

나의 마인드 박스 기록

주체성

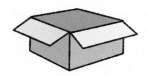

저자의 키워드	내가 발견한 키워드
✓ 내 인생의 결정 변수(환경, 사회 구조) ✓ 영향을 주고받는 사회와 나의 관계 ✓ 환경 분석, 환경과 구조의 작동, 나의 주체적 실천 범위와 방법	

키워드에 대한 나의 경험이나 생각

저자의 인생관
나의 인생이 환경이나 구조의 작동 속에서 전개됨을 이해하기. 나의 작은 실천이 장기적으로 세상을 바꿀 수 있다는 것을 깨닫고 주체로서 적극적인 삶 살아가기.

나만의 인생관

MIND

3부
생각의 길에서
삶의 방향을 찾다

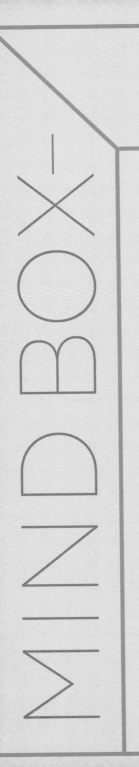

"사실이란 존재하지 않는다.
오직 해석만 있을 뿐이다."

- 프리드리히 니체

5장

휘둘리지 않는
선택과 판단을
위하여

나만의 판단 기준 체크리스트

우리는 하루에도 수십, 수백 가지의 크고 작은 결정을 한다. 나는 과연 일상 속에서 휘둘리지 않는 '나다운' 결정을 하기 위한 판단 기준을 가지고 있을까? 아래의 질문을 통해 자신의 판단 기준이 어떻게 작동하고 있는지 확인해 보자.

마인드 박스	질문	O	X
실리와 명분	실리보다 명분을 택한 사람은 융통성이 없는 사람일까?		
	무엇을 선택할 때 실리를 포기하고 명분을 택했던 경험이 있는가?		
	현대사회에서는 명분보다 실리를 택한 사람이 더 성공한다고 생각하는가?		
	올바른 목적을 관철하기 위한 시위라면 폭력적인 수단을 사용하더라도 용납할 수 있을까?		
이성과 감성	이성적인 판단이 감성적인 판단보다 더 합리적인가?		
	감성에 치우쳐 무엇인가를 선택하고 결정했다는 생각에 후회한 적이 있는가?		
	문제를 효율적으로 해결하기 위해서는 감성을 배제하고 이성적으로 판단해야 한다고 생각하는가?		
	감정에 압도당해 평소의 자신과는 다른 모습의 행동을 한 경험이 있는가?		
육체와 정신	정신력으로 육체의 한계를 극복할 수 있을까?		
	평소에 정신의 이상 신호와 아픔을 육체의 아픔만큼 잘 돌보는가?		
	정신적으로 힘들 때 극복하는 나만의 방법이 있는가?		
객관과 주관	자신의 주관적 판단을 믿는가?		
	평소에 나의 주관적 생각을 다른 사람에게 잘 이야기하는 편인가?		
	과학은 객관적인가? 혹은 과학자들은 객관적으로 판단한다고 생각하는가?		
	책을 읽을 때 자신이 오독하거나 저자가 말하려는 바를 잘못 이해했다고 생각한 적이 있는가?		

실리와 명분,
무엇을 택할 것인가?

1996년 무렵 유학을 끝내고 한국에 돌아왔다. 교수로 취업하려고 했지만 잘되지 않았다. 낙담하고 있을 때 어느 대학에서 나에게 한 가지 제안을 해왔다. 지금은 상상도 못할 일이지만, '학교에 가로수를 심어준다면 교수로 채용해 주겠다'는 것이었다.

만약 여러분이 이런 제안을 받았다면 어떻게 하겠는가? 이럴 때 선택은 두 가지로 갈린다. 실리를 생각해 수락하거나 명분을 택해 거절하는 것이다.

수락(실리) 과정과 방법은 정당하지 못하더라도 교수가 되는 실리를 택하겠다. 일단 교수가 된 다음에 내가 그 대학을 개혁하는 데 힘쓰면 되지 않겠는가? 그게 학교에도 나에게도 더 도움이 되는 방법일 수 있다.

거절(명분) 아무리 실리를 얻는다 해도 부정한 방법은 쓸 수 없다. 교수가 되는 게 분명 내 삶에 이득이 되겠지만 명분이 없는 선택은 하지 않겠다.

이는 드라마에서만 볼 수 있는 이야기가 아니다. 살다 보면 명분과 실리 사이에 선택해야 할 순간이 종종 생긴다. 만약 당신이 한 회사의 기획 부서에서 일하는 직장인이라고 해보자. 그런데 어느 날 상사가 나에게 경쟁사의 기밀 정보를 입수하라는 지시를 내렸다. 이 정보는 회사의 신제품 개발에 큰 도움이 될 것이며, 이 임무를 성공적으로 완수하면 탄탄대로가 보장될 것이다. 이때 사람들은 실리와 명분 사이에서 윤리적 딜레마에 빠진다.

실리 경쟁사의 정보를 획득함으로써 승진이라는 이익과 금전적 보상을 받을 수 있다. 이는 직장 내에서의 나의 위치를 강화하고 장래에 대한 더 나은 기회를 제공할 것이다.

명분 경쟁사의 기밀 정보를 입수하는 것이 윤리적으로 옳지 않다는 것을 알고 있다. 이 행동은 불법이며, 발각될 경우 나 자신과 회사에 심각한 법적 문제를 야기할 수 있다. 또한 이러한 행위가 나의 가치관에 반한다고 느낀다.

당신이라면 어떤 선택을 하겠는가? 상상도 못할 큰 이익이 생긴다면 나의 가치관에 부합하지 않는 일을 할 수 있겠는가?

| 명분과 실리의 힘겨루기 |

개념은 조금씩 다르지만 전통적으로 동양 사상에서는 인간의 행동이 도덕적 정당성을 가져야 한다는 점을 강조했다. 유교에서 '명분'은 행동과 결정을 지배하는 도덕 원칙과 규범을 의미하며, 이는 사회의 질서를 조화롭게 유지하는 데 필수적이다. 공자와 맹자 같은 유교 사상가들은 모든 행동이 도덕적 의무에 부합해야 하고, 이런 명분은 실리적 이득을 추구하는 것보다 우선시돼야 한다고 주장했다.

도교에서는 '도(道)'라는 개념을 중심으로, 사회적 규범이나 실리적인 계산에 얽매이지 않는 자유로운 삶을 살 것을 강조했다. 도교에서 중시하는 점은 내면의 평화와 조화이며, 사회적 명분이나 외적 성과 추구와는 거리가 멀었다.

불교에서는 명분이나 실리의 개념을 넘어 깨달음을 강조한다. 인과응보의 법칙에 따라 행위 자체가 올바른지에 중점을 두며, 깨달음과 실천에 이르고자 했다.

서양 철학에서도 명분, 즉 정당성과 도덕적 원칙은 중요한 주제다. 대표적으로 칸트의 정언명령(categorical imperative)을 떠올리지 않을 수 없다. 정언명령은 윤리적 행동을 지시하는 절대적이고 조건 없는 명령으로, 이것은 명분과 일맥상통하는 개념이다. 그러니까 서양 사회에서 칸트의 정언명령은 우리에게 유교적 가치관 같은 것이라 생각할 수 있다.

정언명령은 어떤 행동을 결정할 때 실리(이익)보다 명분(도덕적 원칙)을 우선시하는 걸 강조한다. 예를 들어 내게 꼭 결혼하고 싶은 사람이 있다. 그러나 부모님이 좋아할 만한 사람이 아니라 결혼을 절대 허락하지 않을 것이다. 이때 어떻게 할 수 있을까? 부모님에게 상대에 관해 거짓말을 해서 일단 결혼을 하고, 그다음에 생기는 문제는 그때 가서 해결하자고 생각할 수 있다. 거짓말을 해서라도 실리를 취하는 것이다. 그러나 이런 상황에서 칸트는 이렇게 조언할 것이다.

"부모님이 싫어할 상대방의 요소까지 모두 솔직하게 이야기하고, 그다음에 부모님과의 치열한 논쟁과 투쟁의 과정을 거쳐서 결혼하는 게 옳다."

칸트가 말하는 핵심은 부모의 뜻에 따르고 그 사람과 결혼을 하지 말라는 게 아니다. 최악의 경우 부모와 연을 끊고 결혼하더라도, 우선은 거짓말을 하지 않고 사실대로 이야기해야 한다는 것이다. 이처럼 명분을 강조하는 관점은 주로 도덕적 근거에 기초한 사고와 결정을 중시한다.

결국 서양과 동양을 통틀어, 수단이 부도덕하거나 불공정하더라도 결과가 의미 있으면 그 수단을 취할 수밖에 없다는 논리는 받아들여지지 않았다. 그러나 현대에 이르러서는 이야기가 달라진다. 산업혁명이 시작된 18세기 후반부터 효율성과 실용성이 크게 강조되기 시작한 것이다. 기술적 발전과 대량생산은 경제적 실리를 최우선 가치로 여기게 했고, 이는 점차 사회 전반의 가치 체계에도 영향을 미쳤다.

20세기에 들어서며 자본주의의 확장은 실리적 가치를 더욱 중요하게 만들었다. 자본주의 사회에서 실리란 대부분 돈을 뜻한다. 지금은 실리보다 명분을 택하는 사람을 두고 '고지식하다', '융통성이 없다', '꽉 막혔다'고 하거나 심지어 '꼰대'라고 폄하하기도 한다. 반대로 수단과 과정이 정당하지 않더라도 실리를 택하는 사람은 처세에 밝고 영리하다고 치켜세우기까지한다. 여기서 한 가지 질문을 던지고 싶다. 그런데 정말 실리는 이득이 되는가?

| 단기적 실리와 장기적 실리 |

과연 실리는 진짜 이득을 가져다주는가? 이 문제에 대해 생각하려면 단기적 실리와 장기적 실리를 구분할 수 있어야 한다. 만약 단기적으로 부정한 수단을 사용해 실리를 얻었다면 일반적인 상황에서 장기적인 실리로써는 부정적 효과를 가져온다.

예를 들어 사업가 A가 있다. 그는 신속한 시장 진출을 위해 단기 이익을 추구하는 결정을 내렸다. 그의 회사는 환경 기준을 엄격히 준수하는 데 발생하는 추가 비용을 피하기 위해 환경 보호 규제 기준에 일부 부합하지 않는 방법을 채택해 제품을 생산하기로 결정했다.

초기에는 이 접근 방식이 성공적인 듯 보였다. A의 회사는 경쟁사보다 빠르게 시장에 진출해 상당한 시장 점유율을 확보했고, 단기적으로 높은 이익을 실현했다.

그러나 시간이 지남에 따라 회사가 환경 규제를 무시했던 사실이 공개되면서 여론의 비난을 받기 시작했다. 소비자들은 점점 더 환경을 고려한 제품을 선호하게 되었고, A의 회사 제품에 대한 수요가 급격히 감소했다. 또한 정부로부터 과징금이 부과되었고, 몇몇 시장에서는 제품 판매가 전면 금지되었다.

장기적으로 회사의 평판은 심각하게 손상되었으며 A는 비용 절감을 위한 초기 결정이 회사에 큰 손해를 끼쳤음을 깨달았다. 비록 이익을 얻었지만, 장기적으로는 회사의 지속 가능성과 성장 가능성을 해치는 결과를 초래했던 것이다. 이 사례는 단기적 실리 추구가 장기적으로 기업의 지속 가능한 발전에 어떻게 해를 끼칠 수 있는지를 보여준다.

사람들은 수단의 정당성을 획득하지 못한 상태에서 얻어내는 실리가 비록 단기적일지라도 충분히 이득이 된다는 착각을 한다. 그러나 인생을 최소 3년 단위로만 나눠 봐도 단기 실리가 나에게 부정적으로 작용한다는 것을 알 수 있다.

| 명분을 택할 때 장기적 실리를 얻는다 |

앞서 나는 물질적인 대가를 제공하면 교수로 임용해 주겠다는 제안을 받았다고 했다. 대부분 예상했겠지만 나는 그 제안을 거절했다. 아무리 솔깃한 제안이라도 부정한 방법은 내 마음이 허용하질 않았다. 그게 내 성정에 맞지 않았을 뿐 아니라

살면서 선택의 순간이 올 때마다 나는 언제나 실리보다 명분을 택하는 결정을 해왔기 때문이다.

일반적으로 회사 사정이 안 좋으면 재정적 어려움에 대응하는 방법으로 직원들의 월급을 동결하거나 삭감하는 경우가 종종 있다. 우선 회사가 생존해야 일자리를 유지할 수 있다는, 즉 실리를 추구하는 논리다.

그러나 여기에는 도덕적 고려가 결여되어 있다. 직원들의 월급은 그들의 생계와 직결되기 때문이다. 만약 부득이하게 그런 결정을 해야 한다면 무엇보다 공정성이 우선되어야 하며 경영진도 급여 삭감을 자처하는 도덕적 리더십이 필요하다.

실리와 명분에 대한 나의 기준에서는 언제나 명분이 앞선다. 이런 기준은 회사를 운영하는 데도 적용된다. 나는 회사가 어려워지는 경우가 있더라도 노동의 대가를 정당하게 지급한다는 명분을 택해왔다. 그래서 회사 사정과 상관없이 매년 누적된 개인의 능력 성장분과 물가 상승분에 맞춰 월급을 올린다.

이렇게 하는 편이 직원들에게 동기부여가 되어 일의 효율이 높아지는 것은 물론이고, 고용이 안정되어 회사도 지속 성장할 것이라고 믿기 때문이다.

| 함부로 실리를 좇지 마라 |

그러나 쓸쓸하게도 우리는 명분보다 실리를 택한 사람, 즉 목적을 위해 부정한 수단을 쓴 사람이 너무나 잘사는 예를 흔히 본다. 특히 뉴스를 보면 권력 있고 돈 있는 사람들이 당당하게 자신의 이득에 따라 행동하는 모습을 마주한다. 명분보다 실리를 택하고, 목적이 옳다면 부당한 수단도 정당화된다는 생각이 우리 사회에 일반화되어 있는 것이다.

그런 모습을 보고 있자니 도덕적 의무를 다하며 살아가는 자신이 바보 같다는 생각이 들어 결국 실리를 추구하는 삶을 살려는 사람들이 있다. 이는 매우 위험한 발상이다.

비록 돈과 권력이 있는 사람이 옳지 않은 수단을 사용해 이득을 취하는 것이 현실이라고 해도 그런 부정한 세계는 언젠가 한번은 무너지게 되어 있다. 정당한 수단과 목적을 추구하는 사람들에 의해 부정한 자들이 무너지고, 다시 부정이 득세하는 것 또한 역사의 일부분이기 때문이다.

시위를 할 때 왜 비폭력을 강조하는지 아는가? 올바름을 관철하기 위한 시위에서 폭력이라는 부정한 수단을 쓰게 된다면 그 부정한 수단이 올바른 목적을 가리기 때문이다. 그래서 진압대가 폭력을 가하더라도 똑같이 폭력으로 맞서서는 안 되는 것이다.

실리보다 명분을 따르고, 수단과 목적의 올바름이 항상 일치해야 한다는 것. 이것은 중요한 가치 판단의 기준이다. 어떤 선택을 할 때마다 이 생각의 틀에 따라 판단하고 행동하면 삶이 엇나갈 수가 없다.

명분을 택해서 얻는 자기 존중감은 돈으로 환산할 수 없는 가치를 가진다. 실리를 택해서 얻는 물질적 이득에 비할 바가 아니다. 흔들리지 않는 가치관에 따라 행동함으로써 자신의 정체성을 확고히 하고 일관된 삶을 살아갈 수 있다.

비록 지금 당장은 손해를 보는 것 같더라도 도덕적으로 올바른 결정을 내릴 때 마음 편했던 경험이 한번쯤은 있지 않은가? 어려운 선택 앞에서 자신의 가치와 일치하는 결정을 내렸을 때 느끼는 내면의 평화와 만족감은 그 무엇과도 비교할 수 없다.

실리와 명분

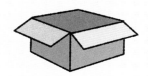

저자의 키워드	내가 발견한 키워드
✓ 단기 실리 vs 장기 이익 ✓ 수단과 방법을 가리지 않는 성과 창출 / 과정의 정당성을 중시한 단계적 성장 ✓ 명분에 의한 자기 존중감과 내적 동력	

키워드에 대한 나의 경험이나 생각

저자의 인생관
실리를 중시하는 자본주의 사회 문화 속에서도 과정의 정당성을 최고의 가치로 여기고, 자기 존중감을 토대로 장기 이익을 추구하며 살기.

나만의 인생관

이성적인 선택만이
정답일까?

교수라고 하면 이성적인 모습을 생각하는 사람들이 많다. 생각도 행동도 이성을 토대로 할 것이라고 여기는 것이다. 그런데 나와 한 시간이라도 이야기를 나눠본 사람이라면 어김없이 이렇게 말하곤 한다.

"교수님, 생각보다 엄청 감성적이시네요!"

그렇다. 나는 어릴 때부터 다른 사람 앞에 나서길 어려워하는 굉장히 조용하고 감성적인 아이였다. 고등학교 때 외향적인 성격을 갖기 위해 부단히 노력해서, 이제는 사람들과도 활발하게 대화를 나눌 수 있지만 예순이 넘은 현재도 여전히 감성적인 면모를 유지하고 있다. 홀연히 떠나는 드라이브의 낭만을 좋아하고, 책을 읽다가 감동에 벅차하기도 하고, 드라마를 보다가 눈물을 흘리기도 한다.

나는 나의 감성적인 면모를 굉장히 소중하게 여기지만 일반적으로 사람들은 '이성적'이 되고 싶어 한다. 혹은 이성적으로 '보이고' 싶어 한다. 이성적인 모습이 더 합리적으로 비치기 때문일 것이다. '이성'은 합리적이고 강한 것, '감성'은 충동적이고 약한 것이라는 이미지가 머릿속에 박혀 있다.

여기에 한 여자가 있다. 최근에 사귀는 사람에게서 프러포즈를 받았다. 여자는 '이 사람과 결혼해도 될까?'를 고민하기 시작했다. 물론 상대방을 사랑하지만 주변에서 "결혼은 현실인 만큼 이성적으로 판단해야 해"라는 조언을 들었기 때문이다.

올바른 판단을 내리기 위해서는 반드시 이성에 따라야 할까? 감성을 배제한다면 그것이 최적의 선택일까? 애초에 이성을 배제하고 감성만을 따르는 것이 가능할까?

> 감성 없는 이성은 공허하고,
> 이성 없는 감성은 맹목적이다

칸트는 자신의 철학에서 이성과 감성을 중요하게 다루었다.

칸트가 말하는 감성은 영어로 'sensibility'인데 이것은 '감각'
이라고도 볼 수 있다. 우리는 세상만사를 오감을 통해 인식하
는데 외부 세계에서 감각적 정보로 받아들이는 인간의 능력이
이른바 '감성'이다. 이를 통해 색깔, 소리, 질감 등을 인지한다.
이렇게 감성을 통해 얻은 정보를 처리하고 추론하며 개념화하
는 능력이 바로 '이성'이다.

　칸트가 이성 지상주의를 설파했다고 오해하는 사람이 많다.
그런데 칸트는 오히려 이성의 한계를 논한 사람이라고 볼 수
있다. 칸트가 말하는 이성 중에 '사변 이성'이라는 개념이 있
다. 사변 이성은 머릿속으로만 생각하는 것, 즉 인과관계나 수
리적인 사고 등을 말한다. 우리가 경험하는 것과 상관없이 머
릿속에서만 진행되는 이성이다.

　사변 이성에는 몇 가지 한계가 있다. 예를 들어 우리가 흔히
통찰이라고 얘기하는 건 감각과 감정이 기본이 되는 사고다.
감각과 감정을 논리적으로 확정 지은 생각이 바로 통찰의 본
모습이다. 경험과 인지적 학습이 우리 잠재성 안에서 뒤섞임
으로써 통찰이 생성되기 때문에 감정과 감각이 없는 순수사변
이성으로는 통찰을 얻을 수 없다.

　칸트의 철학에서 이성과 감성은 인간이 세계를 인식하고 이
해하는 중요한 요소다. 이 둘은 서로 다르지만 상호 보완적인

관계다. 지식은 감성을 통해 얻은 감각적 데이터에 이성이 가진 개념과 이론을 적용함으로써 형성된다. 감성은 경험의 원료를 제공하고, 이성은 이 원료를 가공해 인간의 지식을 구성한다. 그래서 칸트는 이성과 감성이 함께 작동한다고 보았던 것이다.

우리가 이성적으로 판단했다고 생각한 것들을 들여다보면 사실은 이성과 감성이 섞여서 나오는 경우가 대부분이다. 때에 따라 그 비율에 약간의 차이가 있을 수 있지만 일반적으로 서로 분리되지 않고 하나로 움직인다. 좀 더 직접적으로 말하자면 사실 대부분의 선택은 감성으로 이루어진다. 이성은 선택에 판단 기준을 주지만 선택 자체는 감성이 행한다고 볼 수 있다.

앞서 예를 든 여자는 프러포즈를 한 상대 남자가 좋은 사람인지 아닌지를 어떻게 판단할까? 이성적으로 혹은 감성적으로만 판단할 수 있을까? 너무 당연하게도 이성과 감성이 모두 필요하다. 다만 우리가 무엇인가를 판단하려고 할 때 이성에 의존하는 경향이 있기 때문에 오판을 하고 마는 것이다.

"이성적으로는 이 남자가 아니라는 걸 아는데 감정적으로는 끌려"라는 말은 완전히 잘못된 생각이다. 감정적으로 끌린다는 것은 이성적 판단을 동반하기 때문이다. 이성과 감성을 분리하는 것은 오래된 사고방식이다. 이성을 통한 분석이 근대적이라면 현대적 사고방식은 '종합'과 '융합'이다.

어떤 사람은 자신이 이성적 판단을 하지 못하고 감성에 치우쳐 무엇인가를 결정했다고 후회하기도 한다. 하지만 그 결정이 잘못되었다면 '이성과 감정이 종합된 판단을 하지 않았다'고 후회해야 한다. 감성 없는 이성은 공허하고, 이성 없는 감성은 맹목적이다.

│ 이성과 감성의 틀을 오가며 생각을 정제하라 │

그럼 어떻게 이성과 감성을 융합해서 판단을 내려야 할까? 나는 이성적 판단이 필요하다고 생각할 때 역으로 감성을 들여다보는 방법을 사용한다. 그 반대도 마찬가지다.

예를 들어 친구와 싸웠다고 해보자. 며칠 동안 분을 못 이겨 화가 나면서도 오래 사귄 친구와 사이가 어그러져서 우울하다. 이때 당신 안에는 두 가지의 마음이 존재한다. 하나는 싸웠다는 사실에 대한 인식이고, 다른 하나는 그 사실에서 촉발된 감정이다.

갈등이 막 생겼을 때는 감정만 강조된 상태였을 것이다. 시간이 지나서 왜 싸웠는지도 잘 기억이 안 나는데(사실 별것 아닌 일로 싸웠을 가능성이 크다) 나쁜 감정만은 남아 있다. 이 감정은 왜곡되기 쉽다. 그러므로 그 갈등을 이성적으로 바라보아야 한다. 싸운 이유가 무엇인지, 친구와의 관계는 어떤 성격을 가지고 있는지, 개선안은 무엇이 있는지 파악하는 것이다. 그 과정에서 우리의 이성이 겉으로 드러난다.

그러고 나서 다시 내 감정을 나열해 본다. 그리고 그것에 대해 이성적으로 생각해 보기를 반복한다. 이 과정을 거치다 보면 이성과 감성이 융합되고, 행동해야 할 방향을 가리킬 것이다.

이제 다시 앞의 예로 돌아가 보자. 여자는 사귀는 남자를 사랑한다고 느끼지만 그 사람과 결혼하면 잘 살 것 같지가 않다. 이 경우 '사랑한다'는 감성이 작동했으므로 역으로 이성적 판단을 해보면 된다.

먼저 상대와 결혼했을 때 관계를 맺는 영역들이 있을 것이다. 경제적 영역, 생활 영역 등 각 영역별로 그가 어떤 역할을 하고, 나는 어떤 역할을 할 것 같은지, 그렇게 해서 시너지 효과가 날지 아니면 충돌이 일어날지 예상해 보자.

그런 다음 다시 그 사람에게 느끼는 나의 감성적인 측면을 떠올려 보자. 그러면 좀 더 정확한 내 감정을 알게 된다. 내가 왜 그 사람에게 끌렸는지도 알게 된다. 이것을 인식하고 나면 다시 이성적 판단으로 돌아간다. 예컨대 '내가 끌렸던 이런 측면이 이럴 때는 어떤 문제를 만들 수 있겠구나'라는 사실을 살펴보는 것이다.

조금 복잡한 느낌이 드는가? 내가 이성적으로 생각하는지 감성적으로 생각하는지 머릿속으로만 생각할 때는 잘 구별이 안 될 수 있다. 그렇기 때문에 생각을 적어봐야 한다. 적어놓고 보니 너무 논리적으로만 생각하고 있다면 거기에 내 감성을 찾아 집어넣어 보자. 반대로 감성적으로만 생각하고 있다면 이성적으로도 판단해 보자.

이성적으로 판단하고 다시 감성을 들여다보고, 감성적으로 판단하고 다시 이성을 들여다보는 과정을 왔다 갔다 해보라. 그러다 보면 이성과 감성이 종합되어 판단의 방향이 잡힐 것이다.

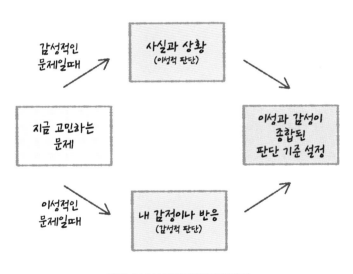

이성과 감성 종합해서 판단하기

| 이성과 감성을 융합해서 판단하는 법 |

일상을 살아가며 이성과 감성을 적절하게 이용하고 둘 사이의 균형을 찾으려는 노력이 필요하다. 그래야만 효과적으로 의사결정을 내릴 수 있다.

아마 주변에 이런 사람이 한 명쯤 있을 것이다. 여러 면에서 나에게 도움이 될 거라고 여겨지는데 심정적으로는 좀 싫은 사람 말이다. 쉽게 말해서 끌리지는 않지만 필요한 사람이다.

이런 경우에 어떻게 하겠는가? 만약 나라면 일단 감성적 판단을 중지하고 이성적 관계로만 만난다. 예를 들어 내가 사업을 하는데 그 사람이 좋은 아이디어를 많이 준다면 만남을 이어갈 것이다. 이런 만남을 지속하다 보면 내가 사람을 오해했다고 느낄 때도 있고 점점 좋은 면이 부각될 때도 있다. 이처럼 관계를 풀어나가는 데도 이성과 감성을 번갈아 적용하는 융합적인 관점이 필요하다.

대화를 할 때도 마찬가지다. '지금 저 사람은 무슨 생각으로 저 말을 할까, 어떤 마음일까'를 생각하면서 대화하는 사람과, 상대방이 하는 이야기를 논리적으로만 받아들이고 반응하는 사람, 둘 중 누구와 대화하고 싶은가? 열이면 열, 전자를 택할 것이다.

그래서 나는 감성적인 자세로 대화하려고 노력한다. 그렇게 했을 때 대화가 더 잘 풀리는 경우가 많고, 상대방을 설득해야 할 때도 훨씬 효과적이다. 사람은 언제나 이성과 감성이 함께 작동한다는 걸 명심하고 대하면 많은 일이 해결된다.

책을 읽을 때 사람들은 저자가 전하려는 메시지를 알아내기 위해 보통 책의 맥락을 정확하게 읽어내려고 애를 쓴다. 나는 거꾸로 저자의 마음을 읽는 데 집중한다. 저자가 어떤 길을 걸어왔고 어떤 마음으로 이 책을 썼을지 생각하면서 한편으로는 책의 내용을 요약하고 정리하는 것이다. 이런 방식으로 읽으면 저자가 책을 통해 하고자 하는 말이 자연스럽게 그려진다.

이처럼 이성과 감성의 비율을 상황에 따라 조정하며 조합해야 한다. 이성에 힘을 줘야 할 때도 있고 감성에 힘을 줘야 할 때도 있다. 둘을 잘 융합하는 사람이 훨씬 더 뛰어난 능력을 발휘한다. 이런 생각 방식을 습관화하면 인생의 중요한 순간들에 맞닥뜨렸을 때 더 현명하게 판단할 수 있을 것이다.

| 이성을 잃어도 나다움을 잃진 말자 |

사실 살다 보면 이성이 앞설 때보다 감정에 압도당할 때가

더 많다. 늘 우리를 화나고 당혹스럽게 하는 일이 생긴다. 스스로 제어되지 않을 정도로 억울한 일이 발생하기도 한다.

만약 나의 정당한 행위를 누군가가 왜곡해서 거짓으로 비난한다면 얼마나 화가 나겠는가. 그런 경우라면 그냥 화를 내는 편이 정신 건강에 좋다. 그렇게 해서 나쁜 상황이 이어진다면 수습하려고 노력하고, 그게 잘 안 되더라도 할 수 없는 일이다.

흥분하거나 당황했을 때 마치 내가 아닌 것 같은 '이상한 나'가 표출되는 경험은 누구에게나 있다. 이럴 때 어떻게 해야 할까? 일단 우리가 안정적이지 않은 상태에서는 이성이 잘 작동하지 않는다. 심지어 두려운 상대 앞이라면 더 이상한 행동을 하게 된다. 말을 제대로 못 하고 우물쭈물하다가 상황을 끝내 버리는 경우도 있다. 내가 잘못한 게 아닌데도 먼저 사과해 버려서 속상한 일도 생긴다. 반대로 불필요하게 화를 내서 상대에게 상처를 주고 상황만 악화시키는 경우도 허다하다.

앞으로는 어떤 상황에서든 원래의 나 자신으로 대응해 보자. 이상한 내가 튀어나오는 것만큼은 막아보자는 뜻이다. 그러기 위해서는 용기가 필요하다. 나의 경우는 우선 호흡하면서 '내 모습 그대로, 나의 특성대로'라는 말을 떠올린다. 그리고 내가 하고 싶은 말이 무엇인지 잠시 마음속을 들여다본다.

만약 상대가 크게 화를 내더라도 호흡하면서 상대방의 화에 대한 내 마음을 들여다본다. 그러면 잘못도 없이 사과하거나 같이 화를 내는 일은 줄어든다. 더불어 상대가 원하는 핵심이 무엇인지도 파악해 본다.

상사가 나에게 어떤 일을 시켰고, 작업 결과를 가지고 갔더니 마음에 안 든다며 크게 화를 냈다고 해보자. 많은 사람이 이럴 때 감정에만 집착해서 '상사가 화를 냈다'는 사실에 상처받고 힘들어한다. 하지만 감정은 걷어내고 이성만을 생각해 보라. 여기에서 이성은 '상사의 반응'에 해당한다. 상사의 반응은 내가 일한 결과에 대한 실망이다. 그럼 이렇게 대응할 수 있다.

"지적하신 부분이 문제의 핵심이라는 걸 이해했습니다. 추가 작업을 해서 이틀 후에 만족하실 수 있는 결과를 가져오겠습니다."

이는 현재의 상황과 상대의 반응을 이성적으로 판단하는 습관이 몸에 붙어 있지 않으면 할 수 없는 답변이다. 일상을 살면서, 특히 관계 속에서 흥분하거나 당황했을 때 가장 중요한 것은 나다움을 찾는 것이다. 결국 이성과 감성은 선택의 문제가 아니다. 모두 나의 무기가 된다. 상황에 따라 리드미컬하게 조절할 수 있다면 우리 삶도 훨씬 더 부드럽게 흘러갈 것이다.

이성과 감성

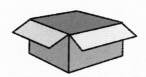

저자의 키워드	내가 발견한 키워드
✓ 논리, 이성적 판단 / 직관, 감성적 판단 ✓ 이성과 감성의 분리 / 이성과 감성의 종합 ✓ 이성과 감성의 조화를 통한 나다움 발견	

키워드에 대한 나의 경험이나 생각

저자의 인생관
이성과 감성의 융합을 반복하는 통찰적 사고 능력 키우기. 일상의 수많은 판단 속에서 이성과 감성을 적절해 배분하는 능력을 통해 나다움을 잃지 않기.

나만의 인생관

육체와 정신,
무엇이 더 중요한가?

    2005년 영국의 토니 니클린슨은 뇌졸중을 겪은 후 대부분의 신체 기능이 마비되어 자발적으로 움직이거나 의사소통을 하기가 거의 불가능한 상태가 되었다. 의식만 또렷하게 남아 있어 눈을 깜박이거나 고개를 끄덕거려 의사를 표현할 수 있을 뿐 타인의 도움 없이는 살아갈 수 없는 상황이 된 것이다.

    당시 50대였던 그는 "나에게 사생활이나 존엄성은 없다. 앞으로 다가올 20년을 또 이렇게 보내고 싶지 않다"라고 말하며 고통뿐인 삶을 자발적으로 끝낼 수 있도록 안락사를 허용해 달라고 청원했다. 그러나 안락사를 금지하고 있는 영국의 법은 자발적 안락사도 살인죄에 해당한다며 이를 허용하지 않았다.

2012년, 결국 안락사 청원은 법원에서 기각되었다. 법정 싸움에 패한 후 니클린슨은 음식 섭취를 거부했고, 폐렴으로 건강이 악화되어 사망하게 되었다. 그는 죽기 전에 "때가 되어 세상에 작별을 고한다. 제법 즐거운 삶이었다"라는 말을 남겼다고 한다.*

육체가 기능하지 못하는 상태에서 정신만 살아 있다면 우리는 그 삶을 받아들일 수 있을까? 육체의 상태는 우리의 정신적 자유와 존엄성에 깊은 영향을 끼친다. 그러나 육체보다는 정신을 좀 더 고귀하고 가치 있는 것으로 보는 시각도 한편 존재한다. 정신은 육체보다 우위가 있을까? 자신을 이해하고 삶의 질을 높이기 위해 육체와 정신을 어떻게 다루어야 할까?

| 정신에서 육체로, 서양 철학사의 흐름 |

육체와 정신에 관한 이야기는 철학사에 있어서 가장 핵심적인 논쟁 중 하나다. 우선 고대 그리스의 플라톤은 이데아론을 통해 '유형의 세계'(육체)보다 '이상적인 형상'(정신)이 진정

---

* "英 안락사 요청 전신마비 환자, 자연사로 사망", 뉴스1, 2021.08.22.

한 현실이라고 주장했다. 그의 철학에서 육체는 변화하고 소멸하는 반면, 이데아(정신적 형상)는 영원하고 변하지 않는 진리를 지닌다. 이러한 사상은 정신적 실체를 육체적 실체보다 더 높게 평가하는 전통적인 사고방식의 일례다. 뒤이어 근대 철학을 연 데카르트 역시 심신이원론을 주장했다. 모두들 이 말을 한 번쯤 들어본 적이 있을 것이다.

"나는 생각한다, 고로 존재한다."

생각하기 때문에 존재한다는 말은, 생각과 육체는 구별돼 있고 생각이 우위를 차지한다는 의미를 담고 있다. 근대 이성주의 사상은 중세 신학의 연장선에 있고, 서양 문화는 기본적으로 기독교 문화 안에 있다. 그러니까 신과 같은 영적 존재가 더 우월하고 그에 따라 우리의 육신이 움직이는 것이라고 생각했다.

동양 철학의 경우에는 서양의 이원론적 접근과 다른 '전체론적 접근'을 중심으로 흐른다. 주로 인간을 하나의 통합된 존재로 보고 육체와 정신, 그리고 환경 사이의 깊은 상호 연결성을 강조한 것이다. 예를 들어 공부할 때는 의관을 정제하고 앉거나 중요한 일을 앞두고 목욕재계를 하는 등의 의식은 몸가짐이 정신에 영향을 준다는 생각을 내포하고 있다.

정신을 우선시하는 서양의 철학은 프랑스의 현대 철학자 메를로퐁티가 『지각의 현상학』을 발간하며 전환점을 맞았다. 그는 정신과 육체를 분리된 것으로 보는 이원론적 접근을 거부했다. 정신과 육체를 서로 깊이 연결되어 있으며 상호 의존적인 관계로 이해한 것이다. 그에 따르면 몸은 단순히 정신을 담는 그릇이 아니라 우리가 세계를 경험하고 지각하는 방식을 결정한다. 또 몸은 생물학적이거나 물리적인 대상이 아니라 우리가 세계와 상호작용하고 경험하는 기본적인 매개체다.

몸은 우리에게 행동의 자유를 제공한다. 말을 하고, 생각하고, 행동하는 건 모두 몸이 하는 행위다. 거꾸로 이성이나 생각은 우리 몸이 작동하도록 지원해 주는 존재다. 우리는 생각한 대로 말할 때보다 말하다 보니 생각도 하게 되는 경우가 많다.

지금 당장 이곳에 존재하는 건 내 몸인가, 생각인가? 생각은 여기 없을 수도 있다. 어제 남겨둔 치킨을 생각하고 있을 수도 있다. 확실히 지금 여기에 '존재하는' 건 우리 몸이다. 모든 것은 몸으로 발현되고 몸에서 출발한다.

정신적 행위의 상당히 많은 부분은 몸에 의해 이루어진다. 육체가 정신을 지배할 때도 많다. 집중이 안 될 때 잠시 몸을 쉬게 하고 스트레칭을 한번 해주면 다시 정신이 맑아져 집중할 수 있지 않은가.

이런 메를로퐁티의 철학은 이후의 사상가들에게 큰 영향을 미쳤다. 포스트모더니즘, 페미니즘, 신체학, 장애 연구 등 다양한 분야에 기반을 제공했다.

| 자신감은 육체에서 나온다 |

　현대는 육체를 건강하고 아름답게 가꾸는 방법이 넘쳐나는 시대다. 그러나 아직도 많은 사람이 공부, 독서 등 정신을 성숙하게 만드는 노력은 열심히 하면서도 몸은 소홀히 하거나 심지어 쉽게 혹사하기도 한다. 몸이 너무 피로하면 정신도 같이 망가지기 마련이다. 몸이 아픈데 공부나 일이 잘될 리 없다.

　몸과 정신은 연결되어 있어서 정신이 아프면 몸도 아프고, 몸이 아프면 정신도 흐트러진다. 그런데 단순하게 정신의 힘이 몸을 이긴다고 여기면 의지와 정신력만으로 모든 걸 극복할 수 있다고 생각하게 된다. 몸이 마음처럼 따라주지 않는 사람에게 '의지박약'이라는 프레임을 씌우게 된다.

　육체는 정신적 활동의 바탕이 되므로 몸을 잘 돌봐야 원하는 것을 해낼 수 있다. 육체를 단련하면 신체가 건강해질 뿐 아니라 뇌의 기능과 전반적인 인지 능력을 향상시키는 데 긍정적인 영향을 미친다. 몸이 건강하지 않으면 인간은 기본적으로 불안감에 휩싸이게 된다.

인간이 진화해 온 역사를 생각하면 이것은 너무나 당연하다. 원시시대에 위험이 발생했을 때 몸이 약하면 잘 도망칠 수 없다. 그래서 몸이 약해지면 뇌도 늘 긴장한 상태가 된다. 불안감은 뇌가 긴장했다는 신호다.

현대사회에는 짐승이 나타났다거나 하는 생명의 위험을 느낄 일은 거의 없지만 일상의 스트레스가 나타났을 때 똑같은 증상이 생긴다. 나에게 스트레스를 주는 상사가 앞에 나타나면 긴장하면서 머릿속이 정지되고 몸이 굳어버리는 듯한 느낌을 받는 것이다. 스트레스에 취약한 상태가 되지 않으려면 정신을 단련하기보다 건강한 신체를 단련하는 편이 훨씬 효과적인 이유다.

가끔 우리 주변에는 밑도 끝도 없는 자신감을 가진 사람이 있다. 도대체 저 사람은 왜 저렇게 자신감이 넘칠까 하는 의문이 드는 사람들은 대체로 몸이 건강하다. 몸이 건강할 때 긍정심리가 높아진다는 연구 결과는 심리학과 건강학 분야에서도 여러 차례 보고된 사실이다.

| 정신이 힘들 때는 세 가지 행위를 하라 |

앞서 살펴본 것처럼 몸이 건강하게 활성화된 상태일 때 정

신 활동을 가장 효율적으로 만들어준다는 것은 너무나 당연한 일이다. 반대로 정신의 고통은 몸의 고통으로 나타난다. 우울하면 무기력해지고 몸도 무거워진다. 하지만 이런 정신의 고통은 빨리 알아차리기 어려울뿐더러, 알아차린다고 해도 적극적으로 해결하려는 시도를 잘 하지 않는다.

감기에 걸렸다고 해보자. 우리는 몸이 낫기 위해 약도 먹고 며칠 푹 쉬기도 한다. 몸이 아플 때는 빨리 알아차리고 바로 대응하면서 정신이 아플 때는 오히려 정신력으로만 극복하려고 한다. 마음을 고쳐먹고 의지를 다지면 된다고 생각하는 것이다. 몸에는 적극적으로 대처하면서 왜 정신은 스스로 치유되기를 기다리며 방치하는 걸까?

정신이 건강하지 못할 때는 몸을 활용하는 지혜가 필요하다. 몸을 움직여서 해결해 주는 것이다. 나는 크게 세 가지 수단을 활용한다. 첫째, 발산하기. 둘째, 이동하기. 셋째, 맑은 공기를 마시고 햇볕 쬐기.

나는 일이 잘 안 풀려서 화가 날 때나 우울감이 왔을 때 혼자 코인 노래방에 간다. 발산하기 위해서다. 누군가를 만나 마구 수다를 떠는 것도 좋은 방법이다.

가장 효과가 좋은 방법은 위의 세 가지를 조합하는 것이다. 예를 들어 차를 몰고 제부도에 가면서 차 안에서 음악을 틀어

놓고 큰소리로 노래한다. 제부도에 도착해서 맑은 공기와 햇빛 속에서 조금 걷다가 집에 돌아온다. 나는 이렇게 했을 때 정신이 다시 건강해지는 느낌이 들고 몸도 상쾌해진다. 또 하나 추천하는 것은 운동이다. 일반적으로 운동 자체가 발산적 성격을 갖기 때문이다.

정신의 병은 육체를 통해서 조금씩 개선할 수 있다. 이렇듯 정신과 육체의 관계를 이해하면 많은 문제를 해결할 수 있다.

| 몸의 긴장을 푸는 연습 |

몸을 돌보라고 하면 영양제를 먹거나 운동을 하는 등 무엇인가를 '더' 하려고 생각한다. 그런데 우리에게 필요한 건 '더 하기'가 아니라 '빼기'다. 쉼과 이완이 필요한 것이다.

아무리 자도 자꾸만 졸리고, 쉰다고 쉬었는데도 늘 피곤하다는 말을 입에 달고 산다면 그것은 대부분 숙면을 이루지 못하기 때문이다. 나도 한때 굉장히 피로가 누적된 시기가 있었다. 하루 8시간은 자는데 하루 종일 졸리고 피곤했다. 병원에 가서 뇌파검사를 했더니 8시간을 자면서도 실제로는 2시간 30분만 수면을 취하고 있었다.

원인을 찾아보니 코골이와 무호흡증 때문에 깊게 잠들지 못하고 나도 모르는 사이에 호흡을 위해 잠깐씩 깨어났던 것이다. 두 증상은 양압기를 사용하면서 조금씩 완화되었는데 수면을 방해하는 긴장과 스트레스는 그것만으로 고칠 수 없었다.

그러다 독일인들의 수면법이라는 아우토겐 트레이닝(Autogen Training)을 알게 되어 지금까지 생활화하고 있다. 아우토겐은 독일의 정신과 의사 요하네스 하인리히 슐츠(Johannes Heinrich Schultz)가 1930년대에 개발한 기법으로 심신의 이완을 촉진하고 스트레스를 감소시켜 준다고 알려져 있다. 특히 긴장을 풀어줘서 수면의 질을 높여준다. 독일인들은 일종의 문화로 아우토겐을 이용하는데 방법은 다음과 같다.

1단계 중감: "내 어깨(또는 팔)는 무겁다"라는 말을 되뇌며 사지에 무거운 감각이 있다고 상상한다. 근육을 이완하는 단계다.

2단계 온감: 어깨가 무거운 것을 '어깨가 따뜻해진다'는 느낌으로 바꿔본다. 이는 혈관을 이완하고 혈액순환을 촉진하는 것이다.

3단계 심장: 심장이 맑고 힘차게 뛰고 있다는 것을 느껴본다.

4단계 호흡: 편안하면서 규칙적으로 호흡하고 있는 걸 느껴본다.

5단계 복부: 복부가 따뜻해지고 있다고 느낀다.

6단계 시원함: 마지막으로 이마가 시원해진다고 느낀다.

이렇게 쭉 이어서 각 단계별로 3회 혹은 5회씩 호흡하며 내 몸의 감각을 느껴본다. 잠을 자기 전에 몇 분 동안 해보는 것이다. 이 과정을 반복하면 잠이 스르르 온다. 우리는 하루 종일 긴장된 채로 살아가면서 정작 이완하는 방법은 잘 모른다. 그래서 잘 때도 온몸에 힘이 들어가고 자고 일어나서도 피로가 풀리지 않는다.

처음에는 위의 여섯 단계를 하는데 각 단계마다 3회씩 호흡해도 5분밖에 걸리지 않았다. 호흡을 5회씩으로 늘리면 10분 정도 긴 명상을 할 수 있다.

제대로 쉴 수 있어야 집중력도 올라간다. 확실하게 쉰 다음에 일하거나 공부할 때는 엄청난 몰입을 발휘할 수 있다. 꼭 잠 잘 때가 아니어도 아우토겐 트레이닝을 실행해 보길 권한다. 경직되고 불안하고 스트레스가 쌓인 몸을 이완시켜 정신과 육체가 조화를 이루는 데 도움을 줄 것이다.

────────── 나의 마인드 박스 기록 ──────────

육체와 정신

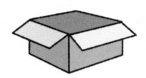

저자의 키워드	내가 발견한 키워드
✓ 정신이 육체의 우열 관계 ✓ 정신이 힘들 때 필요한 것: 발산, 이동, 맑은 공기와 빛 ✓ 육체가 힘들 때 필요한 것: 정신의 긴장 완화 ✓ 육체와 정신을 조화시키는 삶	

키워드에 대한 나의 경험이나 생각

저자의 인생관
육체와 정신이 하나임을 깨닫고 둘 모두를 적극적으로 돌보며 쉼을 통해 리듬감 있는 삶 살기.

나만의 인생관

자신의 주관을
믿을 수 있는가?

　나는 사람들에게 책을 추천하는 걸 좋아한다. 어떤 책을 읽으면 좋을지 사람들이 먼저 묻기도 하고, 내가 스스로 '이건 꼭 다른 사람도 읽어보면 좋겠다'라는 마음이 들어 적극적으로 말해주기도 한다. 책뿐만이 아니라 필기감이 훌륭한 만년필, 맛있는 식당, 메모하기 편한 노트 등 좋다고 생각하는 건 잘 공유하는 편이기도 하다. 나의 이런 모습을 본 어떤 동료 교수가 언젠가 이런 말을 해왔다.

　"김 교수는 어떻게 그렇게 추천을 잘해? 나는 사람들에게 뭔가를 권하는 게 참 어려워."

　그는 평소에 다독하고 나보다도 여러 방면에서 박식한 사람이었기에 나는 놀라 반문했다.

"자네처럼 아는 게 많은 사람이 그게 뭐가 어렵나?"

그의 이야기는 이랬다. 누군가 전문지식에 대한 자료나, 특정 지식이 들어 있는 책, 특별한 기능을 가진 물건 등을 묻는다면 답해주기 쉬운데 '재미있는', '맛있는', '멋진' 것을 물으면 선뜻 추천하기 어렵다는 것이었다.

이런 것들은 온전히 자신의 주관적 취향일 뿐인데 과연 그것이 맞는 것인지 모르겠다고 했다. 객관적 사실이 아닌 자신의 주관에 대해 주저하게 된다는 그의 말에 공감하면서도 안타깝다는 생각이 들었다.

그날 저녁, 동료들과 맛집으로 소문난 곳에 갔다. 그런데 내 입맛에는 그다지 맛있게 느껴지지 않았다. 같이 간 동료들 중에는 '역시 소문대로 맛있다'고 감탄한 사람도 있었고, '그냥 그렇다'고 말한 사람도 있었다.

많은 사람이 어떤 음식을 맛있다거나 맛없다고 말할 때 우리는 이를 객관적인 사실인 양 받아들이기 쉽지만 사실 음식의 맛도 매우 주관적인 경험이다. 그래서 같은 음식을 먹어도 사람마다 자신의 기호, 경험, 문화적 배경 혹은 그날의 기분에 따라서 평가가 다를 수 있다.

우리 사회에는 객관을 맹신하고 주관을 폄하하는 경향이 존재한다. 객관적 판단과 선택만이 옳은 것 같고, 어떤 주제에 대해 토론을 할 때도 주관적 의견을 말하길 주저한다. 하물며 자신의 주관적 취향이 잘못되었을까 봐 타인에게 무엇인가 추천하길 주저하는 사람도 있다. 과연 객관이 옳고 주관은 틀린 것일까? 그렇다면 우리는 무엇인가를 선택할 때 객관적인 판단을 내려야 하는가? 사람마다 인지적 편향이 있고 감정에도 쉽게 좌우되며 지식과 경험도 이렇게 서로 다른데 말이다.

| 객관이라는 신화 |

먼저 여러분에게 이런 질문을 던져보고 싶다. 과학은 객관적인가? 아마 대부분이 그렇다고 답할 것이다. '과학적인 것은 객관적이다'라는 신화가 우리 인식 깊숙이 자리하고 있다.

그 시작은 근대 과학혁명 시기인 16~17세기였다. 근대 과학의 발전과 함께 인류 역사에서 주관보다 객관이 더 중요해지기 시작했다. 이 시기에 코페르니쿠스, 갈릴레이, 뉴턴 등이 등장했고 과학적 방법론이 발전하면서 과학 지식이 객관적이고 신뢰할 수 있는 것으로 인식되기 시작했다.

19세기에는 에디슨 등이 등장해 과학적 실험을 통해 많은 문명의 이기를 만들어냈으며 과학은 객관적이라는 인식이 확대되었다.

과학이 객관적인 것으로 여겨지는 이유는 그것이 관찰, 측정, 실험에 기반을 두고 데이터를 통해 가설을 검증하기 때문이다. 이 과정은 주관적 해석이나 개인적 편향을 최소화한다.

그러나 현대의 과학철학은 과학적 지식도 사회·문화적 맥락에 영향을 받으며 완전한 객관성은 오로지 이론적으로만 가능하다는 점을 인식하고 있다. 과학도 틀릴 수 있다. 아니, 오히려 과학은 실험과 연구의 과정에서 끊임없이 틀린다. 그중에 성공하는 것만이 세상에 나오기 때문에 일반 대중은 과학이 절대적 객관이라고 착각하게 된다.

놀랍게도 과학적 연구와 실험에서도 직관이나 해석, 일종의 '감'이 중요한 역할을 한다. 과학적 발견의 많은 부분은 직관적인 통찰과 창의적인 해석에 의존하며 이미 우리는 수많은 사례를 알고 있다. (뉴턴의 사과를 떠올려 보라.)

과학에서의 객관과 주관의 역할

주관(감)과 객관(실험)은 배타적인 것이 아니다. 인간의 경험, 직관, 통찰과 같은 주관적 요소가 사실은 연구를 더욱 풍부하고 생산적으로 만들며, 과학의 본질적인 부분이기도 하다. 인간의 주관과 과학적 방법론이 결합해서 보다 정확하고 심도 있는 지식을 생성하는 것이다.

| 객관에 지배되지 않으려면 |

객관에 대한 맹신은 객관을 권력으로 만들기도 했다. 20세기 초반은 테일러주의(Taylorism)가 작동하던 시대였다. 테일러주의는 미국의 경영학자인 프레더릭 테일러(Frederick W. Taylor)가 창시한 과학적 관리 기법으로, 노동자의 동선과 작업 범위 등을 표준화해서 생산 효율성을 높이는 방법을 말한다.

한편 포드주의(Fordism)는 미국의 포드 자동차회사에서 컨베이어벨트를 통해 기계화된 작업 방식을 도입한 것을 말한다. 일관된 작업 과정을 통해 노동을 개편하여 생산성을 증대시키는 것이다. 테일러주의와 포드주의의 본질은 결국 같다. 사람들이 주어진 기능을 반복해서 잘 수행할 수 있는 체계를 만들고 관리하는 게 경영의 핵심이라고 본 것이다.

그때는 "생산 공정은 이래야 해"라는 객관이 존재했다. 시스템이라는 객관의 세계에 들어간 인간이 주관을 삭제한 채 반복 노동을 하는 것이 가장 큰 생산을 이루어내는 시대였다.

세상을 휩쓴 객관주의와 과학주의의 패러다임은 20세기 중반 미국의 경영학자 피터 드러커(Peter F. Drucker)와 함께 전환되었다. 드러커는 지식경영의 중요성을 강조하면서 지식이 주요 생산 요소가 되는 새로운 경제에서는 개인의 창의성과 혁신이 조직의 경쟁력을 결정한다고 보았다. 포드주의 시대의 단순 반복적인 노동에서 벗어나 지식 노동자의 창의성, 전문성, 자율성이 중시되기 시작한 것이다. 즉 객관이 권력으로 존재하던 시대에서 점점 개인이 갖고 있는 주관성의 가치가 부각되는 시대로 바뀌었다.

그렇지만 권력으로서의 객관은 지금도 여전히 다양한 형태로 존재한다. 도쿄대 교수인 야스토미 아유미의 『이상한 나라의 엘리트』를 보면 일본의 사례가 소개되어 있다. 일본 후쿠시마에서 원전 사고가 났을 때 일본 과학계 최고의 원전 전문가가 원자로의 폭발 가능성이 거의 없다고 과학적 근거를 들며 발표했다. 그러나 이것이 사고의 심각성을 키우고 결국 피해가 커졌다는 게 저자의 주장이다. 즉 과학주의에 대한 사람들의 신뢰와 전문가라는 권위를 이용했을 때 평범한 사람들이 기만당

할 수 있다고 꼬집는 것이다.

IT 세계에서도 이런 현상이 보인다. 우리가 사용하는 스마트폰은 안드로이드와 애플 OS라는 두 가지 객관에 지배된다. 그러나 그 밖에 다양한 오픈소스로 지식을 공유하고 이윤의 일부만을 가져가는 세상도 있다. 이곳에서는 다양한 주관이 작동한다. 앞으로는 기술을 이해하지 못하면 객관이 권력이 되고 돈이 되는 세상이 강화될 것이다. 더군다나 AI와 몇몇 빅테크 기업이 주도하는 세상에서 주관성의 가치를 지키기 위해 기술 문해력을 키우는 일은 더 이상 외면할 수 없는 문제다.

| 절대적 객관은 없다 |

수업을 하다가 자신이 읽었던 책의 내용을 요약해 보라고 하면 학생들이 꼭 붙이는 말이 있다.

"이 요약이 정확한지 모르겠지만…."

그럴 때 나는 이렇게 말한다.

"비평에서 객관이란 존재하지 않습니다. 당신이 어떻게 느꼈는지, 어떤 게 중요하다고 생각하는지 주관적인 판단이 답이라는 걸 잊지 마세요."

책을 읽고 요약할 때 저자가 의도한 바를 찾는 것만이 답은 아니다. 저자의 의도가 30 정도의 몫이라면 독자들의 다양한 해석이 70을 차지해서 '사회적 비평'이 형성된다. 그리고 그것이 어떤 작품이 사회적으로 존재하는 양태다.

절대적 객관이 존재하지 않는다는 건 학문계에서는 당연한 논리인데 아직 많은 사람이 절대적 객관이 있다고 생각한다. 학창 시절 우리는 국어를 배우면서 답을 찾는 훈련을 해왔다. 문학 문제에도 답이 있었다. 객관(답)이 존재한다고 생각하고 답이 있는 교육을 계속 받아왔기 때문에 그 습관을 떨치기 어려운 것이다.

그래서 나는 책을 읽을 때 이렇게 해볼 것을 제안한다. 우선 10쪽을 읽고 한 줄로 요약한다. 한 챕터가 50쪽이라면 다섯 줄을 메모한다. 그렇게 메모한 것만 가지고 그 챕터의 내용을 말로 설명해 보라고 하면 누구나 할 수 있다. 이때 말하는 내용은 저마다 다르다. 자기식으로 해석해서 이야기하기 때문이다.

많은 사람이 주관적으로 정리한 것을 모두 합하면 결국은 저자의 의도에 도달한다. 혹시 도달하지 않더라도 괜찮다. 어떤 책을 읽고 자기식으로 해석해서 그것이 자신의 삶이나 주변 사람들에게 의미가 있으면 그것으로 충분히 가치 있기 때문이다.

가장 주관적인 것도 그 결과가 통계적으로 수집 및 분석되어 일정한 패턴이나 경향성을 나타낸다면 객관적 사실로 간주될 수 있다. 많은 사람이 비슷한 방식으로 특정 경험을 보고한다면, 그 경험은 주관에서 벗어나 객관적 현실로 인정받을 수 있는 것이다.

예를 들어, 특정 제품에 대한 소비자 만족도 조사에서 대다수가 긍정적 또는 부정적인 평가를 한다면, 이는 제품의 품질에 대한 객관적인 지표로 해석될 수 있다.

그러므로 나의 주관적 판단을 긍정하는 태도를 갖자. 나의 주관적 판단은 일반적으로 인정되는 생각 방식에서 크게 빗나가지 않을 것이다. 물론 설사 빗나가더라도 큰일 나지 않는다. 비록 내 생각이 객관에 이르지 않더라도 나의 주관은 그 자체로 충분히 의미 있다. 개인의 주관은 자신만의 독특한 삶의 경험을 반영한 자아실현과 자기표현의 수단이기 때문이다.

| 객관적 사실에 주관적 직감을 더하라 |

객관성에만 지나치게 편향되면 어떤 일이 일어날까? 데이터와 사실에만 기반해 중요한 결정을 한다면 개인적 감정이나

경험, 문화적 배경의 측면을 놓칠 수 있다. 때로는 현장의 상황이나 사람의 직관이 더 중요할 수 있는데 이를 무시하면 유연하지 못한 결정을 내리게 된다. 이렇게 되면 어떤 상황이 일어났을 때 효과적으로 대응하기 어려울 것이다. 때로는 데이터나 사실과는 다른 새로운 접근 방식이나 번뜩이는 아이디어가 문제를 해결하기도 한다. 이런 것은 사람의 창의성과 직감에서 나온다.

반대로 주관성이 지나쳐도 문제가 된다. 개인적 선호나 감정에만 의존해서 판단하면 그 판단의 신뢰성이 떨어진다. 내 직감으로 판단했더라도 그것을 뒷받침할 객관적 사실이 반드시 필요하다. 게다가 주관성에 의존한 판단이 일관되지 못하고 오락가락한다면 혼란과 불신을 야기할 수도 있다. 조직이나 팀에서 이런 일이 일어나면 관계의 갈등을 유발하기까지 한다.

객관과 주관은 우리 경험의 중요한 양 측면이므로 이 둘을 조화롭게 통합한다면 어떤 문제를 바라볼 때 더 깊이 있게 이해할 수 있고 현명한 의사결정이 가능해진다. 또한 주관적인 감정과 직관은 창의적인 아이디어와 혁신의 원동력이 되며, 객관적 접근은 이러한 아이디어를 실현 가능하게 만든다.

만약 진로를 정하는 학생이 '어떤 직업을 선택해야 할까?'에 대해 고민한다면 그 답은 찾아내는 방법에는 여러 가지가 있을 것이다. 적성 검사를 할 수도 있다. 학교 성적이나 자신이 보유하고 있는 자격증 등 다양한 지표들을 체크해서 그것으로 객관적인 값을 도출하는 것도 가능하다. 그러나 그것만으로는 충분하지 않다. 여기에 직감이 더해져야 한다. 내가 좋아하는 게 뭔지, 뭘 하면 잘할 것 같은지, 소위 '느낌'도 필요하다.

때로는 열 가지 지표보다 하나의 직감이 진실을 말할 때도 있다. 과학적이고 객관적인 자료에만 의존한 판단은 결코 나다운 것이 아니며, 마음이 동하지 않으니 온전히 그 판단에 몸을 싣기도 힘들다. 자기 내면의 감정 상태와 주관에도 귀 기울여야 한다는 뜻이다.

| 객관과 주관이 조화를 이루는 삶 |

우리는 객관과 주관, 두 가지를 항상 같이 활용하는 태도를 가져야 한다. 인간관계에서 객관과 주관의 균형은 특히 중요하다. 다른 사람들과의 감정적 연결을 형성하고 유지하려면, 객관적 사실과 함께 개인의 감정과 경험을 이해하고 공감할 필요가 있다.

앞서 맛집에 간 이야기를 했다. 음식의 맛을 비롯한 많은 경험이 개인의 주관적인 해석에 따라 달라질 수 있다. 이 점을 인지하면 다른 사람들의 의견과 취향을 존중하게 된다. 비록 나의 입맛에는 별로일지라도 다른 사람은 충분히 맛있다고 생각할 수 있는 것이다. 이렇게 사회적 상호작용과 의사소통을 하면 보다 포용적이고 개방적인 태도를 취하게 될 것이다.

객관과 주관의 조화로 우리 삶은 더욱 풍부하고 균형 잡힌 방향으로 나아간다. 주관적이며 동시에 객관적이기도 한 우리 경험의 모든 측면을 포용하라. 열린 마음으로 사람들을 대하고 세상을 바라보면 더 지혜롭게 판단하고 행동할 수 있을 것이다.

객관과 주관

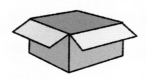

저자의 키워드	내가 발견한 키워드
✓ 객관과 주관은 상호 배타적인가? ✓ 절대적 객관 vs 주관 우위론 ✓ 직관적 판단과 데이터 판단의 융합	

키워드에 대한 나의 경험이나 생각

저자의 인생관
절대적 객관(답)이 있다고 믿으며 모든 것을 데이터에 입각해 판단하는 것이 아니라, 자신의 주관성, 직관, 감을 중시하되 객관적 데이터로 보완하는 사고방식 갖기.

나만의 인생관

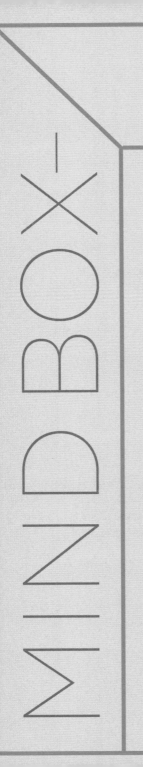

MIND BOX-1

"혼자 있을 수 있는 능력이야말로
사랑할 수 있는 전제 조건이다."

- 에리히 프롬

6장

홀로 설 수 있어야
함께 살 수 있다

공동체 감각을 위한 체크리스트

매일 만나는 가족부터 오고가며 마주치는 사람들까지, 나를 둘러싼 주변을 인식하는 것에서 공동체 감각이 시작된다. 평소 내가 어떤 태도와 관점을 가지고 타인을 대하고 있는지 아래의 질문을 통해 확인해 보자.

마인드 박스	질문	O	X
다양성	주변에서 소수자나 약자를 자주 보거나 접할 수 있는 환경에 살고 있는가?		
	친구나 지인이 사회적 소수자를 혐오하는 행동을 했을 때 그에 대해 반대 의견을 낼 수 있는가?		
	최근 한 달 동안 일상에서 약자(임산부, 아이, 노인, 장애인 등)를 배려하는 행동을 한 적이 있는가?		
	나와는 겉모습, 성향, 생각이 다른 사람을 온전히 받아들이고 환대해 줄 수 있는가?		
가족	가족을 위해 나 자신을 희생하는 것은 숭고한 일인가?		
	평소에 부모님, 배우자 혹은 (독립한) 자녀의 배려와 희생을 당연하게 여기고 있지 않은가?		
	가족이 인생의 짐이라는 생각이 들어, 그런 생각을 했다는 죄책감을 느낀 적이 있는가?		
	밥을 혼자 먹거나, 여행을 혼자 가는 등 일상의 사소한 부분까지 스스로 결정을 내리고 행동하는 것에 익숙한가?		
이타성	나 자신을 희생하면서까지 타인을 돕는 것이 옳을까?		
	결과가 이타적이면 수단이 조금 부당해도 괜찮다고 생각하는가?		
	내가 자립하지 못한 상황에서도 함께 잘 살기 위해 노력해야 할까?		
	타인과 연결되어 있다는 감각을 느낀 적이 있는가?		

나와 다른 타인을
환대할 수 있는가?

일본에서 유학하던 시절 나는 도쿄 근교의 구니타치 시에 살았다. 그 동네에는 한 가지 특이한 점이 있었다. 레스토랑이든 카페든 동네 어딜 가도 장애인을 만난다는 것이었다. 처음에는 별생각이 없다가 어느 순간부터 그걸 깨닫고는 참 신기하다고 생각했다. 그리고 나중에야 그 이유를 알게 되었다. 구니타치가 일본에서 장애인이 살기 편한 곳으로 유명했던 것이다.

단적인 예로 구니타치에는 2020년에 스타벅스 수어 매장이 생겼다. 당시 기준으로 전 세계에서 다섯 번째로 생긴 스타벅스 수어 매장이었는데, 직원 25명 중 19명이 청각장애인으로 구성되어 있었다. 장애인이 어디든 자유롭게 다니며 일상을 누리고 비장애인과 자연스럽게 섞인 도시 풍경은 참으로 생경하면서도 좋은 추억으로 기억된다.

한국에 돌아온 뒤로는 어딜 가도 장애인이 잘 보이지 않는다. 이는 그들이 자유롭게 일상을 누릴 수 있는 사회 여건이 안 된다는 뜻이리라. 이럴 때 우리는 단순히 '나라에서 정책을 잘 만들면 되지'라고 생각할 수도 있다. 하지만 '주체성'을 다룬 마인드 박스에서 살펴봤듯이 개인의 변화가 제도의 변화를 만들기도 한다. 물론 궁극적으로는 제도가 바뀌고 사회적 소수자가 살기 좋은 사회가 되어야 하지만 먼저 나의 삶에 연결된 소수자들을 바라볼 수 있어야 한다. 필요하다면 적극적인 개입도 해야 한다.

예를 들어 내가 아는 사람이 소수자를 혐오한다는 사실을 알게 되었다면 어떻게 할까? 더 나아가 혐오 행동을 한다면? 대부분이 그 사람과 관계가 불편해지는 걸 염려해 그저 모른 척하는 선택을 할 것이다. 그러나 불편하다는 이유로 개입하지 않고 방관한다면 그것은 스스로 다양성을 무시하는 삶을 선택한 것이다. 다양성이란 그냥 이런 사람도 있고 저런 사람도 있다는 수준의 인정을 뜻하는 것이 아니다. 소수자에 대한 배려가 바로 다양성이다.

| 소수자를 어떻게 인식할 것인가? |

서양에서 다양성이 강조된 건 홀로코스트의 영향이 컸다. 양차 세계대전으로 인류는 어마어마한 피해를 겪었지만 무엇보다 유대인 600만 명이 죽었다는 사실이 충격으로 다가왔다. 19세기 중반 산업혁명으로 인류가 커다란 물질적 풍요와 발전을 이룬 지 100년이 채 지나지 않은 시점에 이런 끔찍한 일이 발생한 것이다. 여기서부터 다양성을 중시하는 패러다임의 전환이 이루어졌다. 외국인, 장애인, 수형인, 심지어 가난한 자들에 대한 차별에 문제가 제기되기 시작했다.

대표적으로 프랑스의 철학자인 미셸 푸코는 공개적으로 자신의 성소수자 정체성을 밝히며, 성소수자를 비롯해 다양한 사회적 소수자들의 존재와 권리에 대해 깊은 관심을 가졌다.

그의 철학은 소수자 그룹이 직면한 사회·문화적 문제를 이해하고, 소수자를 포용하는 사회를 향한 변화의 필요성을 강조한다. 소수자를 포함한 모든 개인이 자신의 주체성을 인식하고, 자기 자신을 진정으로 이해하며, 다양성이 존중받는 사회를 지향하는 것이다. 푸코의 예리한 소수자 인식은 현대사회의 은밀하면서도 일상화된 억압 장치들의 실체를 정확하게 발견하게 해주었다. 그의 주 저서 『감시와 처벌』은 그런 감각의 산

물이기도 하다.

　많은 사람이 머리로는 '당연히 다양성이 존중받는 사회를 지향해야 한다'라고 생각하지만 막상 현실에서의 인식은 잘 바뀌지 않는다. 예를 들어 수형자가 형량을 모두 채운 후 다시 사회로 나왔을 때 사람들의 인식이 어떤가? 거리에 모여 있는 노인층을 보고는 눈살을 찌푸리지 않는가? 장애인이 지하철에서 시위를 하면 어떤 사안 때문인지 궁금하기보다 일단 짜증부터 나지는 않았는가? 골목에서 외국인 노동자를 마주치면 어떤 기분인가?

　만약 당신이 위의 사례들에서 거부감을 느꼈다면 그 감정의 실체는 무엇일까? 부정확한 정보인가, 혹은 왜곡된 윤리 의식인가. 그것도 아니라면 단순히 나와 다른 것, 즉 낯섦에 대한 막연한 두려움인가?

|　나와 다른 모든 것을 환대하라　|

　우리 사회에는 여전히 차별과 혐오가 존재한다. 이에 대한 대안은 인류학자 김현경의 『사람, 장소, 환대』라는 책에서 찾을 수 있다. 여기서 말하는 '환대'는 타인을 받아들이고 개방성

을 가지며 상호 교류를 가능하게 하는 태도와 행위를 뜻한다.

환대는 작게는 나부터 크게는 사회까지 다양성을 받아들이기 위해 가져야 하는 가장 중요한 마음이다. 내가 생각하는 환대란 마음속에 타인을 위해 자리를 비워두는 것이다. 누군가를 만나면 그 사람에게 내 마음의 비워둔 자리를 내어준다. 이는 상대의 가치를 인정하는 것에서 시작된다.

20여 년 전에 우리 가족은 여주로 이사를 갔다. 서울 같은 대도시보다는 시골에서 자유롭게 아이들을 키우고 싶었기 때문이었다. 여주에 정착하면서 내가 가장 먼저 찾아본 것은 근처에 봉사 활동을 할 만한 곳이 있는지였다. 이사한 첫 주 주말에 가족이 다 함께 자폐 아이들이 머물고 있는 시설을 찾았다. 시설에 들어가자마자 아이들이 내 팔과 다리, 목을 끌어안고 매달렸다. 아이들은 사람과 정에 목말라 있었다.

나와 아내가 아이들에게 둘러싸여 꼼짝할 수 없는 상황이 된 와중에 함께 온 첫째와 둘째가 생각났다. 당시 큰아이가 초등학교 6학년, 작은아이가 여섯 살이었다. 아무리 둘러보아도 두 아이가 어디 갔는지 보이지 않았다. 이곳 아이들과 우리 아이들이 서로를 어려워하진 않을지 혹시라도 서로에게 상처가 되는 행동을 하진 않을지 걱정이 앞섰다.

시설의 아이들을 잠시 떼어놓고 두 아이를 찾던 나는 전혀 걱정할 필요가 없었다는 사실을 깨달았다. 두 아이는 다른 방에서 아이들과 베개를 던지며 놀고 있었기 때문이다. 아이들에게는 자신과 외양이 조금 다른 것이나 말이 어눌한 것이 전혀 문제가 되지 않았다. 금방 친해져 서로를 친구이자 즐거운 놀이 상대로 여기고 있었다.

둘째가 다녔던 초등학교에도 자폐 학생이 몇 있었다. 둘째와 친한 친구의 형도 자폐를 가지고 있었는데, 둘째는 그 친구 집에 놀러 가면 항상 형과 먼저 논 다음에 친구와 놀았다. 그 형은 자폐가 심한 편이라 사실 나는 그 아이가 하는 말을 잘 알아듣지 못했는데, 언제나 둘째가 옆에서 통역을 해주곤 했다.

그때 나는 깨달았다. 나와 다른 소수자들을 상대하는 게 어려운 건 어른들뿐이구나. 아이들에게는 '소수자'와 어울려 노는 것도 평범한 일상이었다. 아이들이 어른들보다 더 자연스럽게 환대를 실천하고 있었던 것이다. 그들은 본능적으로 다양성을 받아들였다.

│ 다양성이 사라진 자리는 서열이 차지한다 │

약자를 배려한다는 것은 약간의 불편을 감수하는 일이기도 하다. 사람이 가득한 엘리베이터에 임산부와 아이가 먼저 타도록 배려하고, 나는 다음에 오는 엘리베이터를 탄다면 내 시간을 조금 잃게 된다. 늘 주차 자리가 부족한 아파트에 텅텅 비어 있는 장애인 주차 구역을 보면 그냥 그곳에 주차를 하고 싶기도 하다. 소수자와 약자를 배려하다가 자신이 역차별을 받는 것 같다고 억울해하는 사람도 있다. 심지어 어떤 사람들은 다양성을 인정하지 않는 것이 나와 사회를 위한 길이라고 믿기도 한다.

다양성을 인정하는 것이 왜 그렇게 중요한가? 다양성을 인정하지 않는 사회가 나에게 어떤 영향을 줄 수 있을까?

다양성의 반대말은 '서열성'이다. 다양성이 인정되지 않는 사회에서는 유일한 질서가 서열이다. 사회 안에서 높은 자리를 차지하기 위해 다른 사람을 짓누르면서까지 위로 올라가고자 한다. 서열 속에 결박당하는 것이다. 누군가 나를 끊임없이 지배하고 통제하고 제한하려 한다면 그것은 다양성이 결여된 삶을 살고 있다는 뜻이다.

주변을 둘러보라. 나와 다른 사람이 얼마나 보이는가? 소수자들이 숨어 있는 사회에서는 그 빈자리를 서열과 경쟁이 채운다. 다른 사람들보다 우월해지려는 무참함이 자리한다. 우월성이란 상대의 가치를 인정하지 않는 것이다. 상대를 존재 자체로 받아들이지 않고 도구로 인식하는 결과를 가져온다.

그러므로 눈앞에 소수자가 있다면 무한히 수용하는 마음을 가져라. 일부러라도, 의식적으로라도 실천하다 보면 자기에게 깃드는 변화가 느껴질 것이다. 개인이 변화해야 사회도 바뀐다. 우리에게는 다양성을 받아들이는 아이의 본능이 내재되어 있다. 불편하니까, 상황이 어쩔 수 없으니까 순간순간 타협하고 행동하지 말자. 결국은 나 스스로가 서열 사회를 용인하는 꼴이 되고 말 것이다.

다양성을 인정하는 것은 단순히 도덕적 가치를 넘어서 장기적으로 봤을 때 구체적이고 실용적인 이익과 직결된다. 타인을 환대할 수 있어야 나도 환대받을 수 있다.

다양성

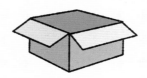

저자의 키워드	내가 발견한 키워드
✓ 다양성의 인정과 소수자 인식 ✓ 마음속에 타인을 위한 자리 비워두기 ✓ 다양성의 반대: 서열성과 위계 권력 ✓ 다양성의 가치 / 실용적 이익	

키워드에 대한 나의 경험이나 생각

저자의 인생관
소수자를 배려하고 타인을 위해 마음의 자리를 비워둠으로써, 서열 사회의 위계적 권력 작동을 거부하고 장기적으로는 모두가 이익이 되는 사회를 지향하기.

나만의 인생관

가족을 위해
살지 않아도 괜찮을까?

40대가 된 제자 K는 한평생 가족에게 매여 있었다. 두 남매 중 첫째 딸인 그는 성인이 되자 고향집을 떠나 서울에 정착했다. 고향에는 아버지와 어머니, 둘째인 남동생만 남게 되었다. 어릴 때부터 가부장적인 문화가 강한 집안에서 엄마가 각종 제사며 행사로 혼자 고생하는 걸 봐왔다. 아버지와 동생은 전혀 도움이 되지 않았고 딸인 K만 울분을 터트리며 엄마를 돕다가 결국 성인이 되자 도망치듯 집에서 나왔다.

그러나 K는 그렇게 매정한 성격이 못 되었다. 매년 명절마다 집에 내려가 어머니를 도왔다. 집안에서는 결혼도 하지 않고 혼자의 삶을 즐기는 K를 못마땅하게 여겼다. 그렇게 10년 넘게 흐른 뒤 어머니가 암에 걸려 수발을 들어줄 가족이 필요한 상황이 찾아왔다.

결혼을 한 둘째는 아이도 키워야 하고 바쁘다는 핑계로 어머니를 모실 생각이 없어 보였다. 아버지에게서도 기대할 수 있는 게 없었다. 결국 K는 서울 생활을 잠시 접고 고향으로 내려갔다. 어머니를 정성껏 돌봤지만 1년 후 어머니는 결국 돌아가셨다.

그나마 가족의 정을 느낄 수 있었던 어머니가 세상을 떠나자 K는 이제 정말 가족과 연을 끊고 싶어졌다. 이렇게 지내다가는 아버지마저 자신이 돌봐야 할 것 같았다. 그러나 K는 망설여졌다. 아버지도 동생도 좋은 사람들은 아니었지만 그렇다고 연을 끊을 만큼 죄를 지은 것은 아니었다. 오히려 평범한 가족에 가까웠다.

K에게 가족은 애증의 관계였다. 보고 있으면 답답하고 짐처럼 느껴지지만 끊어낼 수는 없었다. 그는 나에게 도무지 자신이 어떻게 해야 할지 모르겠다고 소식을 전해 왔다. 그동안 자신은 충분히 가족을 위해 희생했다고 생각해서 이제 모든 걸 그만두고 싶은데, 자꾸 나쁜 사람이 되는 것만 같다는 이야기였다.

| 사회와 가족이라는 속박 |

한국을 비롯한 동아시아 사회에는 충효 사상, 즉 나라에 충성하고 부모에게 효도해야 한다는 독특한 윤리가 작용해 왔다. 이는 개인의 자율성과 독립성을 중시하는 현대사회의 가치와 충돌하기도 한다. 개인의 관점에서 보면 충효 사상은 나의 자유와 선택을 제한하고, 사회나 가족의 기대에 복종하도록 강요하는 것으로 느낄 수 있다. 자아실현과 자유로운 삶을 추구하는 현대의 가치와 상충하는 것이다.

한 사회 안에서의 윤리는 절대적인 가치가 아니다. 사회와 문화가 변하면서 더불어 바뀌기 때문이다. 윤리도 시대와 사회의 변화에 따라 지속적으로 적응하고 발전해야 한다.

한국 사회에서는 개인의 삶에서 '가족'이라는 구조가 가장 크게 작용한다. 독일의 공산주의자 프리드리히 엥겔스는 가부장적 성격을 중심에 둔 권력관계가 잔존하는 곳이 바로 가족이라고 지적했다. 그러므로 육아 등 가족 구조 안에서 담당하는 일들이 국가와 지역 공동체에서 행해져야 한다고 주장했다. 물론 엥겔스가 주창한 공산주의는 실패했지만 이런 지적은 눈여겨볼 만하다. 가족 내의 권력 구조와 성별 역할에 대한 논의는 현대사회에서도 뜨거운 감자이기 때문이다.

가족 내부에서 가부장적 권력관계가 성립하는 이유는 양육과 지배의 양태가 묘하게 닮아 있기 때문이다. 실제로 자식들을 지배하면서 양육한다고 착각하는 부모들이 있다. 모성과 부성이 배경에 깔려 있으므로 '사랑하니까 정당하다'고 착각한다. 그러나 그것은 사랑이 아니라 자신의 욕심일 때가 많다.

| 사회와 가족의 규범과 기대를 넘어서 |

가족이란 이름은 아름답고 긍정적인 것으로만 여겨지기 쉽지만, 이처럼 그 안에 또 다른 모순이 존재한다. 가족 윤리와 관련된 또 하나의 문제는 가족 이기주의다.

가족 이기주의란 가족 구성원들의 이익을 최우선으로 고려하면서 가족 외의 다른 개인이나 사회의 이익은 무시하는 태도를 말한다. 가족 단위로 강한 연대감을 가지고 서로를 지지하는 건 좋지만 이런 태도가 과해지면 사회적 연대나 공동체 의식을 해치는 결과를 가져온다.

가족 이기주의는 유독 한국을 비롯한 동아시아에서 강하게 나타난다. 이것은 도덕적으로도 참 묘한 지점이 있다. 가족을 위한 일이라면 이해받을 수 있다는 이상한 도덕관념이 자리하고 있는 것이다. 그러나 이기적인 행동은 이기적인 것일 뿐이다. 가족을 위한다는 이유가 이기적 행위를 정당화할 수는 없다.

고전평론가 고미숙은 『고미숙의 몸과 인문학』에서 가족 중심의 사회 구조가 개인에 미치는 영향에 대해 비판적인 시각을 제시했다. 특히 가족 이기주의는 가족이라는 공동체의 이익을 위해 가족 구성원들에게 희생과 헌신을 요구하는데, 이는 개인의 행복과 자율성을 억압할 뿐 아니라 사회적 발전도 저해한다는 것이다.

슬프게도 자유로운 삶의 방식을 가장 직접적으로 억압하는 것이 가족이다. 따라서 가족주의가 해체된 곳일수록 자유로운 개인주의가 자리할 가능성이 크다. 나의 권리와 책임 사이에서 균형을 잡지 못하고 있다면 지금이라도 자유롭게 내 삶을 선택하고 꾸려나갈 방안을 모색해 보자. 개인이 사회 및 가족의 규범과 기대를 넘어서 자신의 정체성을 자유롭게 탐구하고 정의할 수 있어야 한다.

| 진정한 개인주의란 무엇인가 |

개인주의와 이기주의를 혼동하는 사람이 많다. 젊은 세대가

개인주의를 추구할 때 기성세대는 "요즘 젊은이들은 자기밖에 모른다"라며 비난하는 걸 종종 볼 수 있다. 이는 우리 사회에서 개인주의가 왜곡되어 있기 때문이다. 그러나 진정한 개인주의는 이타성과 연결되어 있다.

예를 들어 내가 누군가를 열렬하게 사랑한다고 해보자. 너무 사랑한 나머지 그 사람을 위해 자신을 희생한다. 이런 경우 그 사랑은 쉽게 무너진다. 오래 꾸준히 사랑하기 위해서는 무엇보다 스스로를 사랑하는 게 우선이고, 그다음에 상대방과 사랑으로써 상호작용이 이루어져야 한다.

사람들은 이타적인 행위나 의미 있는 일을 할 때는 자신을 희생해야 한다고 착각한다. 무조건 남에게 퍼주기만 하는 것은 이타성이 아니다. 다른 사람이 무엇을 바라는지 고려하지 않고 무조건 돕는 것은 오히려 자기만족을 위한 이기적인 행위다.

이런 사례는 부모자식 간에 많이 나타난다. 아이들에게는 적절한 결핍을 부여해야 스스로 노력해서 강해지고 성장할 수 있는데 부모가 모든 것을 대신 해주어 홀로 설 힘을 빼앗는 경우가 많다.

중요한 건 내가 먼저 바로 서는 것이다. 그리고 주변과 거리두기를 하면서도 현재의 내가 그들에게 할 수 있는 최선을 하면 된다. 진정한 개인주의는 에고이즘(egoism)처럼 개인의 이익만 추구해서 이리저리 휘둘리는 게 아니라, 자기 삶의 지향과 윤리 체계를 유지하면서 사회 속에서도 어우러져 살아가는 것이다. 자기가 바로 서지 않으면 이타성을 발휘할 수 없다. 모든 윤리는 개인주의에서 출발한다.

개인주의도 하나의 역량이자 훈련이 필요한 일이다. 간단하게는 밥을 혼자 먹는 일도 그렇다. 그래서 나는 학생들에게 혼자 여행도 가고, 밥도 먹으라고 숙제를 내준다. 무조건 2박 3일 동안은 혼자 있어 보라고 권하는 것이다. 한번은 아내에게도 혼자 여행을 떠나보는 것을 제안했다. 난생처음 홀로 여행을 간 아내는 계속해서 전화를 걸어왔다.

홀로서기를 위한 도전 항목	우선순위	실행 날짜

개인주의 역량을 키우는 활동 기록하기
개인주의도 연습이 필요하다. 도전해 보고 싶은 활동들을 적고 일상에서 실천할 수 있는 일부터 차근차근 실행하면 된다.

"식당에 들어왔는데 2인분밖에 안 팔아. 어떡하지?"

홀로 선다는 것은 사소한 것까지 스스로 결정을 내리고 행동하는 것이다. 나는 아내에게 전화도 하지 말고 온전히 혼자 지내보라고 조언했다.

처음에는 어렵지만 자꾸 해보면 자기결정력이 향상될 것이다. 그리고 이런 경험을 해본 사람은 독립성이 생길 뿐 아니라 함께 살아감의 중요성도 알게 된다. 세파에 휩쓸리지 않고 우리 모두가 각자 또 함께 살아갈 수 있는 길이다.

나의 마인드 박스 기록

가족

저자의 키워드	내가 발견한 키워드
✓ 가족을 위한 헌신 / 가족 이기주의 ✓ 양육과 지배 ✓ 홀로서기를 위한 개인주의 역량	

키워드에 대한 나의 경험이나 생각

저자의 인생관
가족 윤리에 얽매이지 않고 진정으로 홀로 설 수 있는 역량을 키워 개인의 인생을 중심에 놓고 사랑으로 함께 더불어 살아가기.

나만의 인생관

홀로 서면서
함께 살기는 가능한가?

인간은 태생적으로 이타성의 성격이 강하다. 리처드 도킨스는 『이기적 유전자』에서 이 부분을 강조한다. 많은 사람이 이 책을 '인간은 이기적이다'라고 설명한다고 오해하지만 사실 그가 주장하는 바는 정반대다. 그는 유전자에는 분명 이기적인 속성이 있지만 공동체에서 살아가면서 이타성의 유전자가 각인된다고 말한다. 즉 인간은 생존 전략으로써 이타성을 획득한다는 것이다.

원시시대부터 인간은 생존을 위해 먹이를 사냥해야 했고, 사냥을 하려면 여럿이 협력해야만 했다. 그러면서 공동체성이 유전자로 각인되었다. 멧돼지 한 마리를 잡기 위해 성인 다섯 명이 필요하다고 해보자. 따로 작전회의를 할 필요 없이 멧돼지를 발견하면 자연스럽게 자신의 역할을 하며 사냥한다.

그뿐만이 아니다. 멧돼지를 잡으려고 뛰는 사람들은 움막에서 기다리는 사람들을 생각한다. 반대로 움막에 있는 사람들도 멧돼지를 잡으러 간 사람들을 걱정하고 기다린다. 이렇게 공동체가 감각적으로 연결된 삶을 살아온 것이다. 이것이 바로 생존 전략으로써의 이타성이다.

그러나 현대의 자본주의를 살아가는 사람들에게는 자유경쟁이 당연한 것이 되었고, '함께'보다는 '나'가 더 나은 삶을 살아야만 성공한 인생으로 인정받게 되었다. 즉 이기적인 게 자연스럽고 합리적이라고 받아들여진 것이다. 그러나 실제로 우리가 더 큰 행복감을 느끼는 때는 사실 '나 자신만을 위해 무엇인가를 했을 때'보다 '타인을 위해 무엇인가를 했을 때'다.

정신의학에는 '헬퍼스 하이(Helper's High)'라는 용어가 있다. 다른 사람을 도왔을 때 경험하는 긍정적인 정서적 상태를 말하는데, 이는 봉사 활동이나 이타적인 행위를 한 개인이 느끼는 행복감, 만족감, 그리고 일종의 '고양감'을 설명하는 데 사용된다.

실제로 여러분도 이타적인 행동을 했을 때 기분이 좋아진 경험을 해봤을 것이다. 놀랍지 않은가? 이는 도킨스의 주장과 완전히 일치한다. 이타성의 추구가 우리에게 행복을 가져올 뿐 아니라 이타성이 인간의 본성적인 강렬한 열망이라는 걸 깨닫기만 해도 삶의 방향이 바뀌게 된다.

| 목적의 이타성과 과정의 이타성 |

안타깝게도 현실에서는 이기적인 사람이 살아남고 심지어 잘사는 모습을 많이 본다. 그러나 분명하게 말해두고 싶다. 한때 이기적인 행위를 해서 이득을 얻고 기뻐했더라도 시간이 흘러 돌이켜 보면 그건 삶의 아주 작은 부분이었을 뿐이고 사실은 잃는 것이 더 많을 것이다. 잠깐의 만족 때문에 이기적인 행동을 반복하다 보면 점점 삶이 공허해질 뿐이다.

"결과가 이타적이면 수단이 조금 부당해도 괜찮지 않나요?"

이렇게 물을 수도 있겠다. 그러나 이 생각에는 맹점이 있다. 비윤리적이거나 불법적인 행위를 하면서 목적이 타당하니 괜찮다고 스스로를 정당화하다 보면 행동의 경계가 무너지고 결국 나중에는 목적마저도 이기적으로 변질된다는 것이다.

이타적인 행위와 이기적인 행위는 서로 상쇄할 수 있는 것이 아니다. 즉 이타적인 행위를 하나 했다고 해서 이기적인 행위가 용서받을 수 있다는 뜻이 아닌 것이다. 극단적인 예를 들자면 밖에서는 민주주의운동을 하면서 집에서는 폭력을 휘두르는 사람이 정당한가? 밖에서 의미 있는 일을 하니까 가족에게는 안 그래도 된다는 건 어불성설이다.

조금 더 현실적인 예를 들어보자. 사회생활에 치여 가정에 소홀한 가장이 있다. "내가 이렇게 힘들게 일하는 건 돈을 많이 벌어서 가족을 먹여 살리는 목적의 이타성을 갖고 있다"라고 주장할 수 있다. 단순히 소홀한 것을 넘어 가족들이 자신을 대접해 줘야 한다고 생각하기도 한다. 이런 사람들은 진정한 이타성의 의미를 모른다. 설사 처음의 목적이 이타적이라고 해도 과정에서 가족에게 상처를 준다면 이들이 찾는 의미는 신기루에 불과하다. 이 같은 함정에 빠지지 말아야 한다.

이타성은 단순히 나를 희생해서 다른 사람들을 많이 위해야 한다는 뜻이 아니다. 정말 이타적인 사람은 우선 자신이 좋은 사람이 되는 데 집중한다. 그것이 공동체에 긍정적인 영향을 주기 때문이다. 남들을 사랑하느라 자신은 돌보지 않는다면 올바른 이타성이라고 볼 수 없다.

그래서 나는 관계에서 '쿨 트러스트(cool trust)'를 강조한다. 쿨 트러스트는 감정적으로 과하게 얽매이지 않으면서도, 서로에 대한 믿음과 존중을 바탕으로 한 건강한 신뢰관계를 의미한다. 다른 사람에게 지나치게 감정적인 유대와 애착을 가지기보다는 존중을 기반으로 서로의 독립성을 인정하면서 신뢰관계를 형성하는 것이다. 사회적 관계뿐 아니라 가족처럼 가까운 관계에서도 쿨 트러스트가 가능하다면 관계 내에서 건강한 이타성이 실현될 수 있다.

| 이타성은 함께 성장하는 것 |

학창 시절을 돌이켜 보면 꼭 필기 노트를 안 보여주고 혼자만 열심히 공부하는 친구가 반마다 한 명쯤 있었을 것이다. 그 친구는 반에서는 공부를 꽤 잘했을지언정 올라갈 수 있는 한계가 명확하다. 세상에 공부를 잘하는 사람이 얼마나 많은데 반 친구들을 견제해서 무슨 의미가 있단 말인가. 경쟁이 세상을 살아가는 기준이라면 결코 이길 수 없는 싸움을 하는 것과 같다. 쉼 없이 올라가도 계속 내 위에 누군가가 있으니 결론은 좌절뿐이다.

만약 과정의 이타성을 추구한다면 경쟁이라는 개념이 무너진다. 필기가 너무 잘 되어서 기쁜 마음에 그것을 복사해 반 아이들한테 나눠주는 사람에게는 경쟁이 의미가 없다. 각자 정도의 차이는 있지만 다 함께 잘되는 길로 가기 때문이다. 나는 공부를 잘하고 싶다면 모여서 하라고 권한다. 하버드대학 학생들의 공부법인데, 하버드뿐 아니라 명문이라 불리는 많은 대학에서는 모여서 공부하는 모습을 흔히 볼 수 있다. 스터디그룹, 프로젝트 팀 등 다양한 방식으로 협력하며 학습하는 것이 일반적이다. 이는 학습의 효율성을 높이고 다양한 관점을 공유하며 학습 내용에 대한 깊은 이해를 도모하는 데 도움이 된다.

또한 하버드에서는 팀 기반 토론 수업이나 세미나 등을 통해 학생들이 함께 배우고 협력하는 환경을 조성한다. 이러한 활동이 학생들에게 중요한 사회적 커뮤니케이션 능력을 개발할 기회를 제공하며, 학문적 성취뿐만 아니라 인간관계에도 긍정적인 영향을 미친다고 보기 때문이다.

이를테면 시험 범위를 다섯 명이 나눠서 공부하고 서로에게 설명해 주며 그걸 가지고 묻고 답하며 토론한다. 그러다 보면 부족한 부분이 보이게 되는데, 이번에는 서로 맡은 범위를 바꿔서 다시 공부해 온다. 이런 방식으로 공부하면 훨씬 더 풍부한 내용을 빠른 시간에 정리할 수 있다. 한 명으로는 완벽할 수 없지만 여럿이라면 빈틈을 더 많이 메꿀 수 있는 것이다.

사람들은 이타적인 것을 '효율은 떨어지지만 이로운 것'이라고 착각하곤 한다. 사실은 과정의 이타성을 추구할수록 훨씬 더 효율적으로 일이 진행된다. 이타성이란 함께 성장하는 것이기 때문이다.

나는 매일 아침 5시에서 6시 반까지 줌으로 '거인의 아침 루틴'이라는 공부 모임을 진행한다. 매일 100명 이상의 사람들이 모인다. 참여자들은 자신의 얼굴이 나오는 화면을 꺼놔도 되지만 나는 가능하면 영상을 켜기를 권한다.

그 이유는 영상을 켜놓으면 공부하고자 하는 마음이 더 고양된다는 사실을 알기 때문이다. 함께 공부하는 사람들을 본다는 인식만으로 집중력이 높아지게 된다. (심지어 수많은 사람들이다!) 즉 내가 영상을 켜놓는 것만으로도 다른 사람들에게 긍정적인 영향을 미칠 수 있다.

스터디그룹도 같은 효과를 볼 수 있다. 물론 스터디그룹을 하는데도 의미없는 경쟁을 하는 사람들이 있다. 그런데 비록 그들이 주제에 어긋난 이야기를 해도, 그것까지 포함해서 나에게 어떤 식으로든 도움이 된다는 것을 우선 느껴야 한다. 하다못해 '나는 저렇게 얘기하지 말아야지'라고 느끼는 것도 도움이다.

| 이타성을 발휘할 역량이 있는가? |

나는 현재 수년째 자기계발 온라인 공동체인 아이캔대학을 운영 중이다. 여기에서는 자발적으로 강의를 듣고 과제를 하며 자기성장을 도모한다. 아이캔대학에서 공부할 때 혼자 하는 것보다 다섯 명이 모여서 하면 성과가 훨씬 좋다는 사실을 여실히 경험할 수 있다.

다섯 명 공부 모임을 하면 첫 번째 모임에서는 조금 어색해하더라도 두 번째 모임쯤 되면 서로 가르쳐주려고 난리다. 학습효과 면에서도 효율적인데, 타인을 가르쳐주려 할수록 더 열심히 준비하고 내용이 기억에도 오래 남기 때문이다. 남 앞에 나서서 말하기를 어려워하는 사람이 있어도 다들 조용히 기다려주면서 도와주고자 한다.

아이캔대학에서는 역량이 있는 사람이 더 많은 이타적 행위를 할 수 있다. 이타성은 마음만 있어서는 안 된다. 실행할수 있는 역량이 필요하다. 이타성과 역량의 관계는 참 재미있는데, 영어로 역량을 뜻하는 단어 'competency'는 라틴어 'competentia'에서 유래했다. competentia는 '함께 만나다, 합의하다'의 의미를 가지고 있다. 즉 무언가 함께하는 것을 잘해내는 것이 역량의 시작인 셈이다.

이것을 가장 정확하게 지적한 사람은 미국의 철학자 마사 누스바움(Martha Nussbaum)이다. 누스바움은 문제를 해결하는 것뿐 아니라 사회·문화적으로 이타적인 행위를 하는 것도 역량의 한 종류라고 보았다.

예를 들어 내가 가부장적인 문화 안에서 자란 남자라면 "나는 이렇게 하면 안 되겠구나"라며 가부장 문화를 거부할 수 있는 것을 삶의 역량이라고 보는 것이다. 친구들이 술을 마시자고 전화를 했을 때 "빨래해야 해서 안 되겠는데"라고 말할 수 있는 것, 친구들이 놀리고 비꼬아도 대처할 수 있는 것도 전부 역량이라고 본다.

세속적 성공의 영역에서도 마찬가지다. 돈과 이득만을 좇는 사람은 유행을 따르다가 시류에 휩쓸린다. 유행하는 아이템을 너도나도 팔거나, 잘 알지 못하는 코인에 투자를 한다거나 하는 등으로 어쩌다가 작은 성공을 거뒀다가도 결국은 더 크게 잃고 만다. 반면 묵묵히 더 좋은 상품을 개발하기 위해 노력한 사람은 그 가치가 인정받는 순간 성공 가도를 달리게 된다.

김승호 회장 역시 사람들에게 품질 좋은 상품이나 서비스를 제공하려는 강한 열정이 사업을 성공으로 이끈다고 말했다. 이익을 취하려는 동기보다 이타성의 동기가 훨씬 더 강력하다는 것이다. 물건을 팔아서 혼자 잘 먹고 잘 살겠다는 목표가 아니라, 사람들에게 더 좋은 물건을 소개하고 세상을 이롭게 하겠다는 목적의 이타성을 추구할수록 더 크고 지속적인 성공을 이어가게 된다.

| 공동체 감각을 되찾자 |

공부든 일이든 항상 즐거울 수만은 없다. 사실 힘들 때가 더 많다. 그러나 타인과 함께하는 과정에서 재미와 의미를 느낄 수 있는데, 그게 바로 공동체 감각이다. 공동체 감각을 되찾으면 세상 모든 것이 서로 연결돼 있고 긍정적인 영향을 미치고 있음을 알게 된다. 심지어 출근을 하면서 무심코 지나치던 가로수도 사실은 긍정적인 기운을 나에게 뿌리고 있다는 걸 알게 되는 것이다.

나는 이 깨달음을 비교적 빨리 얻었다. 어릴 때부터 봉사 활동을 일상적으로 경험하기도 했고 이타성이라는 게 자연스럽고 당연한 행위로 느껴졌다. 그리고 운이 좋게도 학창 시절 내 주변에는 좋은 친구들이 있었다.

사실 우리가 일상에서 하는 행위 대부분이 이타적이다. 반대로 우리가 하는 행위가 완전히 이기적인 경우는 매우 드물다. 내가 맛있는 커피 한 잔을 마시는 게 이기적일까? 나를 위한 행위임에 분명하지만 커피를 소비함으로써 생산자에게 수익을 안겨준다는 점에서 이타성을 포함하고 있다. 이처럼 '소비'에도 이타성이 있다.

내가 멋지게 꾸미는 것도 세상의 풍경을 아름답게 채색하는 것일 수 있고, 다른 사람들에게 긍정적인 기운을 불어넣어 주는 이타적인 요소로 작용할 수 있다.

삶의 대부분은 이타성과 연결돼 있다. 변증적 사고를 떠올려 보자. 나와 다른 사람들, 그리고 세상의 모든 것이 상호작용하며 변화하고 생성된다. 내가 어떤 행위를 하면 다른 사람에게 직간접적으로 영향을 미친다. 다른 사람의 행위 역시 나에게 영향을 준다.

이것은 직접 경험하지 못하면 뜬구름 잡는 이야기로 들릴 것이다. 그러나 직접 이타적인 행위를 해보고, 그것을 통해 자신이 성장하는 것을 확인하게 되면 세상이 달리 보이고 자신의 인생도 달리 보인다. 이것이 확장하면 동물, 식물, 사물, 우주까지 연결된다. 그리고 공헌하는 삶이 결국은 인생의 진정한 의미라는 것을 깨닫는다.

함께 살아감의 가치를 추구하면서 내 삶에 자유를 누리자. 서로가 자신의 삶을 더 잘 살아가고 더 좋은 사람이 되려고 할 때 세상은 더욱 살기 좋아진다.

나의 마인드 박스 기록

이타성

저자의 키워드	내가 발견한 키워드
✔ 이기심과 이타성 중 인간의 본성은? ✔ 과정의 이타성 / 결과·목적의 이타성 ✔ 쿨 트러스트의 관계	

키워드에 대한 나의 경험이나 생각

저자의 인생관
공동체 감각을 익혀 이타적 역량으로 만들기. 쿨 트러스트의 관계를 통해 사랑을 나누고 경쟁을 무너뜨리는 삶 살아가기.

나만의 인생관

우리에게는 생각하고 기록하는 힘이 있다

"저는 책을 읽어도 기억에 남는 게 없어요. 읽는 순간에는 고개도 끄덕이고 이해도 잘 되는데, 다 읽고 책을 덮으면 그걸로 끝이니 참 허무합니다."

사람들은 책을 읽고 나면 굉장히 많은 것을 남겨야 한다고 생각한다. 시간을 들여 열심히 읽었으니 그 책을 그대로, 혹은 그 이상으로 머리에 흡수하고 싶은 마음을 충분히 이해한다.

하지만 이렇게 생각해 보자. 만약 챕터가 10개인 300쪽짜리 책을 읽었다. 다 읽고 났을 때 기억에 남는 단어가 몇 개일까? 지금 읽고 있는 이 책을 예로 생각해 봐도 좋고, 가장 최근에 읽은 다른 책으로 생각해 보아도 좋다.

평범한 사람이라면 3~5개 정도가 기억에 남는다고 답할 것이다. 아주 뛰어난 독서가라면 10개 정도의 단어를 말할 수 있겠다. 300쪽을 읽어서 5개라니, 너무 아쉬운가? 나는 이렇게 말해주고 싶다.

"그것이면 충분합니다. 책 한 권을 읽고 5개의 단어가 남았다면 그것만으로 읽을 가치는 충분합니다. 그 5개의 단어는 온전히 나의 것이기 때문입니다. 이번에 5개라면 다음에 읽을 땐 7개, 그 후엔 9개, 그러다가는 10개 이상으로 늘어날 겁니다."

이 책에서 다루는 마인드 박스는 무려 16개다. 모든 마인드 박스의 내용을 읽고 여기까지 온 당신에게 묻고 싶다. 몇 개의 박스가 마음에 남았는가.

이 책을 읽고 하나의 마인드 박스라도 만들어 생각을 정리하기 시작했다면 저자로서 굉장히 만족스럽다. 지금 몇 개의 박스를 만들었든 간에 나머지 박스들은 하루에 하나씩 기록하며 보름 혹은 한 달 동안 차근차근 만들어가도 된다.

혹시 마인드 박스를 기록하는 것이 어려웠다면 그것은 아직 생각력이 약하기 때문이다. 한 가지 생각을 쭉 이어나가 생각의 끝에 도달하는 경험이 부족한 것이다. 당신의 마인드 박스 만들기를 응원하며 마지막으로 생각력을 키우는 세 가지 노하우를 소개하고자 한다.

첫 번째는 '생각 되뇌기'로, 생각을 예열하는 작업이다. 예를 들어 책을 다 읽고 난 뒤에는 책에서 무슨 이야기를 했는지 반추해 보라. 잘 기억나지 않는다면 차례를 다시 보면 된다. 어떤 장에서 무슨 이야기를 했는지 얼추 떠오를 것이다. 만약 차례를 아무리 봐도 정말 생각이 안 나는 챕터가 있다면 그 부분으로 돌아가 다시 훑어보자. 이번에는 처음 읽었을 때처럼 꼼꼼하게 살피지 않아도 된다. '아, 이 챕터에서는 이런 이야기를 했지' 정도로 기억이 떠오를 수 있게끔 훑어보라.

바둑기사들은 대국이 끝난 다음에 그 많은 수를 하나하나 복기한다. 바둑뿐 아니라 대부분의 운동선수들도 경기가 끝난 후에 자신이 이번 시합에서 어떻게 했고, 다음에는 무엇을 개선할지 되뇐다. 되뇌기는 생각의 중요한 예열 작업이다.

두 번째는 '주제를 정하고 생각하는 것'이다. 구체적으로 주제를 정하고 그것에 대해 집중적으로 생각해 본다. 예를 들어 이 책에서 다루었던 16가지 마인드 박스 중 하나를 골라 집중적으로 생각해 보자.

연습 삼아 더 쉬운 주제를 선택해도 좋다. '올해는 어떻게 살아야 할까?'라든지 '이번 보고서를 어떻게 쓸까?'처럼 목적이 명확한 생각은 더 쉽게 접근할 수 있다.

선택한 주제에 대해 생각을 끝까지 이어가며 체계적으로 정리하려면, 우선 영역을 나누고 순서에 따라 생각해야 한다. 즉

① 내용의 구성별로 생각해 보고, ② 행위의 순서별로 생각해 보고, ③ 두 가지 방향을 번갈아가며 생각하는 것이다.

예를 들어 '올해는 어떻게 살아야 할까?'에 대해서 생각할 때 그 내용을 '일', '생활', '여가'의 세 가지(영역)로 쪼갠다. 한편으로는 '1월엔 뭘 하고, 2월엔 뭘 하고…' 식으로 시간대별(순서)로 생각해 본다. 이렇게 하면 생각을 이어가기가 한층 쉬워진다.

세 번째는 '생각 기록하기'다. '올해는 어떻게 살아야 할까?'에 대해 집중적으로 생각해서 결론을 내렸다면 그다음에는 그것을 기록해야 한다. 기록은 생각을 굳히는 작업이다. 생각이 휘발되지 않게 해줄뿐더러 우리가 생각한 것을 실행할 수 있게 도와주는 원동력으로 작용한다. 생각을 기록했을 때 이것이 바로 실천 가능한 구체적인 '계획'이 되는 것이다.

이 책을 읽으면서도 위의 세 가지 방법을 적용해 생각을 끝까지 이어가 보길 바란다. 책을 되뇌며 생각을 예열하고 마인드 박스에 담길 키워드에 대한 생각도 집중적으로 이어가 보자. 그리고 마지막으로 기록해 보자. 한 번에 잘되진 않을 것이다. 중요한 건 '누적'이다. 틈이 날 때마다 생각하고 조금이라도 끄적여 보라.

생각하는 습관을 몸에 붙이고 생각에 기준을 세우면 삶에 체계가 생긴다. 살면서 맞닥뜨리는 중요한 문제에 대해 나답고 의미 있는 결정을 하면서 최종적으로는 인생을 주체적으로 끌어갈 수 있을 것이다.

내가 이 책을 쓰면서 바랐던 점은 단 한 가지다. "이 책을 읽는 사람들이 생각의 힘을 믿고 생각하기를 멈추지 않는 것."

주체적으로 삶을 살아간다는 것이나 삶의 주관자가 된다는 것은 나, 타인, 환경, 시대와 상호작용하며 살아가되 그 중심에 나의 생각을 둔다는 것을 의미한다. 생각하기가 귀찮고 버거워질 때, 어떤 생각을 강요당할 때, 내 생각은 아무 필요가 없다고 느껴질 때마다 이 책을 펼쳐보길 바란다. 흔들리지 않는 인생의 중심을 만들 수 있는 '생각하고 기록하는 힘'이 내 안에 있다는 것을 다시 한번 상기하길 바란다. 멈추지 않고 계속 생각하고 기록해 나갈 때 인생에 변화가 시작된다.

김익한

참고문헌

게오르크 빌헬름 프리드리히, 임석진 옮김, 『정신현상학』 한길사, 2005.

고미숙, 『고미숙의 몸과 인문학』 북드라망, 2013.

기시미 이치로, 고가 후미타케, 전경아 옮김, 김정운 감수, 『미움받을 용기』 인플루엔셜, 2022.

김현경, 『사람, 장소, 환대』 문학과지성사, 2015.

리처드 도킨스, 홍영남·이상임 옮김, 『이기적 유전자』 을유문화사, 2018.

마이클 샌델, 김명철 옮김, 김선욱 감수, 『정의란 무엇인가』 와이즈베리, 2014.

막스 베버, 박성수 옮김, 『프로테스탄티즘의 윤리와 자본주의 정신』 문예출판사, 2010.

모리스 메를로퐁티, 류의근 옮김, 『지각의 현상학』 문학과지성사, 2002.

미셸 푸코, 오생근 옮김, 『감시와 처벌』 나남, 2020.

아르투어 쇼펜하우어, 홍성광 옮김, 『의지와 표상으로서의 세계』 을유문화사, 2019.

알베르 카뮈, 김화영 옮김, 『이방인』 민음사, 2011.

앤절라 더크워스, 김미정 옮김, 『그릿』 비즈니스북스, 2019.

에리히 프롬, 최혁순 옮김 , 『소유냐 존재냐』 범우사, 1999.

이현정, 『우리는 왜 타인의 욕망을 욕망하는가』 21세기북스, 2022.

임마누엘 칸트, 백종현 옮김, 『순수이성비판』 아카넷, 2006.

임마누엘 칸트, 백종현 옮김, 『실천이성비판』 아카넷, 2019.

임마누엘 칸트, 이원봉 옮김, 『도덕 형이상학을 위한 기초 놓기』 책세상, 2002.

자크 라캉, 홍준기 외 3인 옮김, 『에크리』 새물결, 2019.

장 보드리야르, 이상률 옮김, 『소비의 사회』 문예출판사, 1992.

장 폴 사르트르, 임호경 옮김, 『구토』 문예출판사, 1999.

장 폴 사르트르, 정소성 옮김, 『존재와 무』 동서문화사, 2009.

지크문트 프로이트, 김양순 옮김, 『꿈의 해석』 동서문화사, 2016.

질 들뢰즈, 김상환 옮김, 『차이와 반복』 민음사, 2004.

질 들뢰즈, 이경신 옮김, 『니체와 철학』 민음사, 2001.

질 들뢰즈, 이찬웅 옮김, 『주름, 라이프니츠와 바로크』 문학과지성사, 2004.

클로드 레비스트로스, 박옥줄 옮김, 『슬픈 열대』 한길사, 1998.

프리드리히 니체, 박찬국 옮김, 『선악의 저편』 아카넷, 2018.

프리드리히 엥겔스, 김대웅 옮김, 『가족, 사유재산, 국가의 기원』 두레, 2012.

플라톤 원저, 김영균 편, 『국가』 살림출판사, 2008.

피에르 부르디외, 최종철 옮김, 『구별짓기』 새물결, 2005.

하브 에커, 나선숙 옮김, 『백만장자 시크릿』 알에이치코리아, 2020.

한나 아렌트, 이진우 옮김, 『인간의 조건』 한길사, 2019.

E. H. 카, 김택현 옮김, 『역사란 무엇인가』 까치(까치글방), 2015.

마인드 박스

초판 1쇄 발행 2024년 7월 17일
초판 3쇄 발행 2024년 7월 26일

지은이 김익한
펴낸이 김선식

부사장 김은영
콘텐츠사업2본부장 박현미
기획편집 김단비 **책임마케터** 문서희
콘텐츠사업7팀장 김단비 **콘텐츠사업7팀** 권예경, 이한결, 남슬기
마케팅본부장 권장규 **마케팅1팀** 최혜령, 오서영, 문서희 **채널1팀** 박태준
미디어홍보본부장 정명찬 **브랜드관리팀** 안지혜, 오수미, 김은지, 이소영
뉴미디어팀 김민정, 이지은, 홍수경, 서가을 **지식교양팀** 이수인, 염아라, 석찬미, 김혜원, 백지은
크리에이티브팀 임유나, 변승주, 김화정, 장세진, 박장미, 박주현
편집관리팀 조세현, 김호주, 백설희 **저작권팀** 한승빈, 이슬, 윤제희
재무관리팀 하미선, 윤이경, 김재경, 임혜정, 이슬기
인사총무팀 강미숙, 지석배, 김혜진, 황종원
제작관리팀 이소현, 김소영, 김진경, 최완규, 이지우, 박예찬
물류관리팀 김형기, 김선민, 주정훈, 김선진, 한유현, 전태연, 양문현, 이민운
외부스태프 글 정리 조창원 디자인 스튜디오 수박

펴낸곳 다산북스 **출판등록** 2005년 12월 23일 제313-2005-00277호
주소 경기도 파주시 회동길 490 다산북스 파주사옥
전화 02-704-1724 **팩스** 02-703-2219 **이메일** dasanbooks@dasanbooks.com
홈페이지 www.dasan.group **블로그** blog.naver.com/dasan_books
용지 스마일몬스터피앤엠 **인쇄** 민언프린텍 **코팅 및 후가공** 제이오엘앤피 **제본** 다온바인텍

ISBN 979-11-306-5508-6 (03190)

다산북스(DASANBOOKS)는 책에 관한 독자 여러분의 아이디어와 원고를 기쁜 마음으로 기다리고 있습니다.
출간을 원하는 분은 다산북스 홈페이지 '원고 투고' 항목에 출간 기획서와 원고 샘플 등을 보내주세요.
머뭇거리지 말고 문을 두드리세요.